Markus Ort

Behindertengerechte Beschäftigung in Deutschland

Welche Rechte haben Menschen mit Behinderung auf dem Arbeitsmarkt?

Bibliografische Information der Deutschen Nationalbibliothek:

Die Deutsche Nationalbibliothek verzeichnet diese Publikation in der Deutschen Nationalbibliografie; detaillierte bibliografische Daten sind im Internet über http://dnb.d-nb.de abrufbar.

Impressum:

Copyright © Science Factory 2018

Ein Imprint der Open Publishing GmbH, München

Druck und Bindung: Books on Demand GmbH, Norderstedt, Germany

Covergestaltung: Open Publishing GmbH

Inhaltsverzeichnis

Vorwort 5

Abkürzungsverzeichnis 6

Abbildungsverzeichnis 8

Tabellenverzeichnis 9

1 Einleitung 10

2 Allgemeines 12

   2.1 Begriffsdefinitionen 12

   2.2 Arten von behindertenspezifischen Arbeitsplätzen 15

   2.3 Zielsetzung des Schwerbehindertenarbeitsrechts 17

3 Situation Schwerbehinderter in Deutschland 19

   3.1 Allgemeine Situation in der Gesellschaft 19

   3.2 Spezielle Aspekte der Situation am Arbeitsmarkt 20

   3.3 Zusammenfassung der aktuellen Arbeitsmarktlage 27

4 Behindertengerechte Beschäftigung nach § 164 IV SGB IX 28

   4.1 Bestandteile der behindertengerechten Beschäftigung 28

   4.2 Beschäftigung nach Kenntnissen und Fähigkeiten 28

   4.3 Folgen des Rechts auf behindertengerechte Beschäftigung 35

5 Weitere Ansprüche aus dem Schwerbehindertenarbeitsrecht 38

   5.1 Aus dem SGB IX 38

   5.2 Weitere Rechtsgrundlagen 44

6 Bewertung des Rechts auf behindertengerechte Beschäftigung (und der sonstigen Rechte) aus Sicht der Arbeitnehmer 49

   6.1 Vorteile 49

   6.2 Nachteile 52

7 Bewertung des Rechts auf behindertengerechte Beschäftigung (und der sonstigen Rechte) aus Sicht der Arbeitgeber **55**

7.1 Vorteile 55

7.2 Nachteile 59

8 Unterstützende Institutionen **62**

8.1 Interne Interessenvertretungen 62

8.2 Arbeitgeberseitig eingerichtete Anlaufstellen 64

8.3 Extern 66

9 Schlussbetrachtung **69**

Literaturverzeichnis **71**

Rechtsprechungsverzeichnis **80**

Anlagen **82**

Anlage 1: Präambel der UN-BRK: 82

Anlage 2: § 164 IV SGB IX: 85

Vorwort

Während der Recherchen für meine Bachelorarbeit an der Hochschule für ange-
wandte Wissenschaften Aschaffenburg zum Thema

> „Vermeidung einer Diskriminierung behinderter Arbeitnehmer insbesondere im
> Rahmen des Einstellungsverfahrens des öffentlichen Dienstes – Eine Darstellung der
> Rechtslage und kritische Analyse"

konnte ich mich erstmals tiefergehend mit der Materie des Schwerbehindertenrechts auseinandersetzen.

Dieses hochinteressante Rechtsgebiet hat mich damals direkt so gefesselt, dass
ich mich noch mit weiteren seiner Details befassen wollte. Daher habe ich im
Rahmen meines Masterstudiums an der Hamburger Fernhochschule nach einem
geeigneten Thema für die Masterarbeit gesucht. Dieses habe ich in der Aufgaben-
stellung

> „Das Recht auf behindertengerechte Beschäftigung, insbesondere nach § 164 IV SGB
> IX – Chance oder Risiko? Darstellung und kritische Analyse"

gefunden.

Für die wohlwollende Annahme dieses Themas danke ich an dieser Stelle Frau Dr.
Marina Tamm.

Weiterer Dank gebührt an dieser Stelle Herrn Sascha Noll für das Korrekturlesen
der Arbeit.

Abkürzungsverzeichnis

Abb.	Abbildung
AGG	Allgemeines Gleichbehandlungsgesetz
ArbG	Arbeitsgericht
Art.	Artikel
Az.	Aktenzeichen
BAG	Bundesarbeitsgericht
BetrVG	Betriebsverfassungsgesetz
BGBl.	Bundesgesetzblatt
BIH	Bundesarbeitsgemeinschaft der Integrationsämter und Hauptfürsorgestellen
BMAS	Bundesministerium für Arbeit und Soziales
BPersVG	Bundespersonalvertretungsgesetz
BSG	Bundessozialgericht
BSGE	Entscheidungen des Bundessozialgerichts
BUrlG	Bundesurlaubsgesetz
DGB	Deutscher Gewerkschaftsbund
e.V.	eingetragener Verein
EuGH	Europäischer Gerichtshof
FAZ	Frankfurter Allgemeine Zeitung
GdB	Gradder Behinderung
GdS	Gradder Schädigungsfolgen
GewO	Gewerbeordnung
GG	Grundgesetz der Bundesrepublik Deutschland
KSchG	Kündigungsschutzgesetz
LAG	Landesarbeitsgericht
lit.	Buchstabe
LPersVGen	Personalvertretungsgesetze der Länder

LSG	Landessozialgericht
Nr.	Nummer
PNN	Potsdamer Neueste Nachrichten
Rn.	Randnummer
Rs.	Rechtssache
S.	Satz
SGBVI	Sechstes Buch Sozialgesetzbuch
SGBIX	Neuntes Buch Sozialgesetzbuch
Tab.	Tabelle
taz	Die Tageszeitung
UN-BRK	Behindertenrechtskonvention der Vereinten Nationen
VdK	Sozialverband VdK Deutschland
VG	Verwaltungsgericht
vgl.	vergleiche
WAZ	Westdeutsche Allgemeine Zeitung
WiWo	Wirtschaftswoche
ZB	Zeitschrift Behinderung

Abbildungsverzeichnis

Abbildung 1 Schwerbehinderte Menschen am Jahresende 2015 19

Abbildung 2 Ursachen für Schwerbehinderungen 20

Abbildung 3 Berufsausbildungen der Arbeitslosen im Jahr 2016 in Prozent 24

Abbildung 4 Verteilung der schwerbehinderten Beschäftigten nach Branchen 25

Tabellenverzeichnis

Tabelle 1 Beispiele für Beeinträchtigungen, die zu einer Behinderung führen 13

Tabelle 2 Abgeschlossene Kündigungsverfahren 2016 22

1 Einleitung

Schon in der Behindertenkonvention der Vereinten Nationen (kurz UN-BRK[1]) betonen die Vertragsstaaten, dass auch behinderten Menschen diskriminierungsfrei die gleichen Rechte und Pflichten (lit. c) der Präambel) wie den sonstigen Bürgern zuzuerkennen sind. Daher soll auch ihr Zugehörigkeitsgefühl zur Gemeinschaft durch ihre uneingeschränkte und selbstbestimmte Teilhabe an und in der Gesellschaft (lit. m) der Präambel) ermöglicht werden.

Hierzu zählen die Bereiche (nach lit. v) der Präambel):

- Bildung
- Wirtschaftliches Umfeld
- Kulturelles Umfeld
- Information und Kommunikation
- Soziales Umfeld
- Gesundheit

Über den Zugang zum wirtschaftlichen Umfeld wird auch der Arbeitsmarkt mit seinen Berufs- und Erwerbsmöglichkeiten mit umfasst.

Um behinderten Menschen hier einen uneingeschränkten Zugang zu ermöglichen und ihnen anschließend ihren dortigen Platz zu sichern, hat der deutsche Gesetzgeber auch im Schwerbehindertenrecht Normen erlassen.

Ob diese aber ihr Ziel erreichen können, wird mitunter oft diskutiert. Daher wird in dieser Arbeit untersucht, inwieweit Arbeitnehmer mit einer Schwerbehinderung von ihrem Recht auf eine behindertengerechte Beschäftigung profitieren können.

Hierzu werden in den einzelnen Kapiteln dieser Arbeit[2] die folgenden Themen untersucht und dargestellt:

Kapitel 2 erläutert zunächst die wichtigsten begrifflichen Definitionen.

Kapitel 3 stellt daran anschließend die Situation der Schwerbehinderten in Deutschland – mit Schwerpunkt auf den Arbeitsmarkt – dar.

---

[1] Die Präambel aus der deutschen Fassung der UN-BRK findet sich in Anlage 1.
[2] Nach dieser Einleitung in Kapitel 1.

Kapitel 4 befasst sich mit den einzelnen Ansprüchen der schwerbehinderten Arbeitnehmer zur Umsetzung der behindertengerechten Beschäftigung.

Kapitel 5 stellt ferner die weiteren Ansprüche und Schutzrechte der Schwerbehinderten Arbeitnehmer dar.

Kapitel 6 zeigt die Vor- und Nachteile dieser Rechte[3] für die schwerbehinderten Beschäftigten auf.

Kapitel 7 bewertet diese Rechte für die Arbeitgeber.

Kapitel 8 stellt die Institutionen vor, die bei der Umsetzung der behindertengerechten Beschäftigung in der Praxis mitwirken.

Kapitel 9 zieht ein Fazit, ob insgesamt betrachtet die behindertengerechte Beschäftigung eher als Chance oder als Risiko zur Erreichung des Ziels der Teilhabe der Schwerbehinderten am Arbeitsmarkt zu sehen ist.

Die einzelnen Kapitel dieser Arbeit sind in sich geschlossen. Sie müssen daher nicht zwingend der Reihe nach gelesen werden. Soweit nötig, werden im Text selbst Verweisungen auf andere Kapitel vorgenommen.

Hinweis:

Diese Arbeit ist der besseren Lesbarkeit ausschließlich in der maskulinen Form geschrieben worden. Selbstredend beziehen sich die Formulierungen und Aussagen stets auf alle Geschlechter.

---

[3] Das heißt der Rechte, die in Kapitel 4 und 5 dieser Arbeit dargestellt werden.

2 Allgemeines

2.1 Begriffsdefinitionen

Unterschiedliche Rechtsgebiete haben von der Behinderung verschiedene Definitionen vorgenommen. Da diese Arbeit sich aber mit Rechten von schwerbehinderten Arbeitnehmern befasst, werden hier zunächst die relevanten Begrifflichkeiten (für diese Arbeit) definiert.

2.1.1 Behinderung

Den Begriff der Behinderung definiert § 2 I SGB IX[4]. Diese gesetzliche Begriffsbestimmung erfordert, dass eine Beeinträchtigung an Körper, Geist, Seele oder Sinnen vorliegt, die zusammen mit einstellungs- und umweltbedingten Barrieren dazu führt, dass die Betroffenen an einer gleichberechtigten Teilhabe an der Gesellschaft mit hoher Wahrscheinlichkeit für einen Zeitraum von mehr als sechs Monaten gehindert sein können. Außerdem muss diese Beeinträchtigung vom für das Lebensalter (des Betroffenen) typischen Zustand abweichen.

Diese Definition wurde im Rahmen des Bundesteilhabegesetzes und der damit zusammenhängenden Überarbeitung (auch) des SGB IX neu gefasst. Der Gesetzgeber hat hierbei den Behinderungsbegriff des SGB IX an den der UN-BRK[5] angepasst.[6] Aufgrund der Geltung der UN-BRK als Bundesrecht,[7] ist es notwendig, die Behinderung so zu verstehen, wie es die UN-BRK selbst tut, da nur durch diese Angleichung auch das Ziel der UN-BRK (gesellschaftliche Teilhabe der Menschen mit Behinderung unter Wahrung eines Lebens in Würde) erreicht werden kann.[8]

Bei der Anwendung der Behinderungsdefinition in der Praxis ist darauf hinzuweisen, dass die Behinderung nur vorliegen kann, wenn eine Beeinträchtigung auch eine Störung in der Interaktion zwischen dem Einzelnen und seiner Umwelt ver-

---

[4] Neuntes Buch Sozialgesetzbuch vom 23. Dezember 2016 (BGBl. I S. 3234), zuletzt geändert durch Artikel 23 des Gesetzes vom 17. Juli 2017 (BGBl. I S. 2541).

[5] Gesetz zu dem Übereinkommen der Vereinten Nationen vom 13. Dezember 2006 über die Rechte von Menschen mit Behinderungen sowie zu dem Fakultativprotokoll vom 13. Dezember 2006 zum Übereinkommen der Vereinten Nationen über die Rechte von Menschen mit Behinderungen vom 21. Dezember 2008 (BGBl. II S. 1419).

[6] Bundestag: Drucksache 18/9522 v. 05.09.2016 unter A. Problem und Ziel.

[7] BSG: Urteil vom 16.3.2016 – B 9 SB 1/15R.

[8] LSG Berlin-Brandenburg: Urteil vom 3.12.2009 – L 13 SB 235/07.

ursacht.[9]:Dies ist beispielsweise dann der Fall, wenn der Betroffene nicht (wie für sein Lebensalter typisch) mobil ist, die Informations- und Kommunikationstechnologie oder das gleiche Freizeit-/Sportprogramm nutzen kann, in Ausbildung kommt und anderes mehr.[10] Die Beeinträchtigung muss hierbei allerdings auch nicht über mehr als sechs Monate unverändert vorliegen. Es reicht vielmehr aus, wenn sie sich innerhalb dieses Zeitraums nicht komplett auskurieren-/therapieren lässt.[11] Es führt allerdings auch nicht jede (länger andauernde) Krankheit zwingend zu einer eine Behinderung verursachenden Beeinträchtigung.[12]

In der nachfolgenden Tabelle 1 („Beispiele für Beeinträchtigungen, die zu einer Behinderung führen") werden exemplarisch Beeinträchtigungen dargestellt, die regelmäßig eine Behinderung verursachen.

Beeinträchtigung an	Körper	Geist	Seele	Sinnen
Beispiele	Amputation von Körperteilen[13]	Down-Syndrom[14]	Autismus[15], Schizophrenie[16]	Blindheit[17], Taubheit[18]

Tabelle 1 Beispiele für Beeinträchtigungen, die zu einer Behinderung führen

Liegen die Voraussetzungen für eine Behinderung vor, so kann das Versorgungsamt[19] auf Antrag einen Grad der Behinderung festsetzen.[20] Ein solcher wird be-

---

9   Walhalla: Bundesteilhabegesetz Reformstufe 2: Das neue SGB IX, Seite 19.

10   Feldes: Basiskommentar, § 2 Rn. 13.

11   Feldes: Basiskommentar, § 2 Rn. 15.

12   EuGH: Rs. C-13/05, Rn. 44.

13   BIH: Was heißt hier behindert?, Seite 8.

14   BIH: Was heißt hier behindert?, Seite 29.

15   BIH: Was heißt hier behindert?, Seite 5.

16   BIH: Was heißt hier behindert?, Seite 45.

17   BIH: Was heißt hier behindert?, Seite 12.

18   BIH: Was heißt hier behindert?, Seite 24.

19   In den meisten Bundesländern sind statt der Versorgungsämter andere Behörden zuständig. Das sind in Baden-Württemberg die Landratsämter, in Bayern die Zentren Familie und Soziales, in Berlin das Landesamt für Gesundheit und Soziales, in Brandenburg das Landesamt für Soziales und Versorgung des Landes, in Hessen die Ämter für Versorgung und Soziales, in Mecklenburg-Vorpommern das Landesamt für Gesundheit und Soziales, in Niedersachsen das Landesamt für Soziales, Jugend und Familie, Nordrhein-Westfalen Kreise und kreisfreie Städte, in Rheinland-Pfalz die Ämter für Soziale Angelegenheiten, im Saarland das Landesamt für Soziales, Gesundheit und Verbraucherschutz, in Sachsen der Kommunale Sozialverband

ginnend bei 20 in Zehnerschritten – bis zur Erreichung eines maximalen Grades der Behinderung von 100 – vergeben. Die Höhe des Wertes spiegelt die Stärke der Funktionsbeeinträchtigung wider.[21] Die Zuerkennung eines solchen Grades der Behinderung ist lediglich für bestimmte Gebiete des Sozialrechts und die hierfür notwendige Behinderungsdefinition maßgeblich. In anderen Rechtsbereichen (beispielsweise dem AGG[22]) finden andere Definitionen Anwendung. Soweit in dieser Arbeit nur von Behinderung oder Menschen mit Behinderung gesprochen wird, wird die hier dargestellte Definition verwendet. Stellt eine hier angesprochene Norm ausnahmsweise auf einen anderen Behinderungsbegriff ab, so wird dies an entsprechender Stelle ausdrücklich erwähnt.

2.1.2 Schwerbehinderung

Die Schwerbehinderung ist geregelt in § 2 II SGB IX. Sie grenzt sich von der „normalen" Behinderung dadurch ab, dass für ihr Vorliegen mindestens ein Grad der Behinderung von 50 zuerkannt werden muss. Sie kann nachgewiesen werden durch einen Schwerbehindertenausweis. Ein solcher wird nach § 152 V SGB IX auf Antrag des Menschen mit einer Schwerbehinderung ausgestellt. Er kann allerdings auch von einer bevollmächtigten Person für den Menschen mit einer Schwerbehinderung beantragt werden.[23] Neben dem Vorliegen einer Behinderung mit entsprechendem Behinderungsgrad wird allerdings für die Zuerkennung der Schwerbehinderteneigenschaft verlangt, dass der Schwerbehinderte

- entweder seinen Wohnsitz in Deutschland hat
- oder seinen gewöhnlichen Aufenthalt in Deutschland hat
- oder seine Beschäftigung auf einem Arbeitsplatz im Geltungsbereich des SGB IX und damit in Deutschland hat.[24]

Sachsen, in Sachsen-Anhalt das Landesverwaltungsamt, in Schleswig-Holstein das Landesamt für soziale Dienste und in Thüringen die Kreise und kreisfreien Städte. Lediglich in Bremen und Hamburg sind die Versorgungsämter zuständig.

[20] Greß: Schwerbehindert, Seite 16.

[21] VdK: Grad der Behinderung (GdB) und Grad der Schädigungsfolgen (GdS).

[22] Allgemeines Gleichbehandlungsgesetz vom 14. August 2006 (BGBl. I S. 1897), zuletzt geändert durch Artikel 8 des Gesetzes vom 3. April 2013 (BGBl. I S. 610).

[23] Feldes: Basiskommentar, § 151 Rn. 3.

[24] Feldes: Basiskommentar, § 2 Rn. 32.

Die Schwerbehinderteneigenschaft führt nach § 151 I SGB IX dazu, dass der Betroffene in den Schutzbereich der Normen des 3. Teils SGB IX fällt.

2.1.3 Gleichstellung

Eine Gleichstellung bedeutet, dass für einen Nicht-Schwerbehinderten das Schwerbehindertenrecht (mit Ausnahmen[25]) Anwendung findet. Sie ist nur dann möglich, wenn mindestens ein Grad der Behinderung von 30 jedoch von unter 50 zuerkannt wurde und ansonsten die weiteren Voraussetzungen vorliegen, die § 2 II SGB IX aufstellt (so § 2 III SGB IX). Die Gleichstellung wird auf Antrag durch die Bundesagentur für Arbeit geprüft und gegebenenfalls gebilligt.[26] Die Antragstellung ist in § 151 II SGB IX geregelt. Ziel der Gleichstellung ist dabei, die Wettbewerbssituation der Menschen mit Behinderung (deren Funktionsbeeinträchtigung nicht für die Zuerkennung einer Schwerbehinderung ausreicht) auf dem Arbeitsmarkt zu verbessern, indem durch die Geltung des Schwerbehindertenrechts die Vermittlungschancen verbessert und der Erhalt der Arbeitsplätze gesichert werden kann.[27]

Die einem Schwerbehinderten gleichgestellten Arbeitnehmer werden im Rahmen dieser Arbeit nicht explizit erwähnt. Vielmehr werden sie (wenn nicht anders angegeben) immer von der Bezeichnung/Nennung der Menschen mit einer Schwerbehinderung mit umfasst.

2.2 Arten von behindertenspezifischen Arbeitsplätzen

Bei der Frage, auf welchen Arbeitsplätzen und wie Schwerbehinderte beschäftigt werden können, wird mit unterschiedlichen Arbeitsplatzbegriffen argumentiert. Um die behinderungsgerechte Beschäftigung (nach § 164 IV SGB IX) von diesen anderen typischen Arbeitsplätzen für Schwerbehinderte abgrenzen zu können, werden die relevantesten nachfolgend dargestellt.

---

25 So findet beispielsweise die Regelung des § 208 SGB IX Zusatzurlaub auf Gleichgestellte keine Anwendung.

26 Feldes: Die Praxis der Schwerbehindertenvertretung von A bis Z, S. 225.

27 Rolfs, in Müller-Glöge/Preis/Schmidt: ErfK, SGB IX, § 151 Rn. 12; BSG: Urteil vom 6.8.2014 – B 11 AL 16/13 R; BSG: Urteil vom 1.3.2011 – B 7 AL 6/10, BSGE 108, 4.

2.2.1 Schonarbeitsplatz

Unter dem Begriff Schonarbeitsplatz wird generell ein solcher Arbeitsplatz verstanden, der selbst von gesundheitlich beeinträchtigten Beschäftigten ausgeübt werden kann, die aufgrund ihrer gesundheitlichen Einschränkungen außer Stande sind, ihren angestammten Arbeitsplatz weiter auszuführen. Im Falle einer Neueinstellung umfasst der Begriff des Schonarbeitsplatzes ferner noch sämtliche Stellen, die nicht dem Kern der im jeweiligen Unternehmen zu leistenden Arbeit zugerechnet werden können.[28] Beispiele sind die Stellen von *„Boten, Pförtner[n], Fahrstuhlführer[n], Wächter[n]"*[29]. Diese Arbeitsplätze müssen bereits schon vor der Besetzung entsprechend bestehen.[30]

2.2.2 Leidensgerechter Arbeitsplatz

Übt ein Beschäftigter seine Arbeit auf einem Arbeitsplatz aus, auf dem er sämtliche anfallenden Aufgaben gemäß seiner Fähigkeiten bewältigen kann und auf dem er auch den sich sonst stellenden Herausforderungen gewachsen ist, obwohl er gesundheitlich beeinträchtigt ist, so wird dieser Arbeitsplatz als leidensgerecht bezeichnet.[31] Leidensgerecht weist hierbei darauf hin, dass der Arbeitsplatz an die negativen Auswirkungen, die sich in Folge einer Erkrankung ergeben, angepasst wurde.[32] Da nicht jede Krankheit mit einer Behinderung einhergeht (genau wie umgekehrt),[33] kommt ein leidensgerechter Arbeitsplatz nicht nur für Menschen mit einer Behinderung in Betracht. Ein gesetzlicher Anspruch auf die Zuweisung eines leidensgerechten Arbeitsplatzes besteht für den einzelnen Betroffenen nicht. Vielmehr ist diese ein Ausfluss aus dem Prinzip der Ultima Ratio, die besagt, dass der Arbeitgeber lediglich vor Ausspruch einer Kündigung prüfen muss, ob als milderes Mittel die Versetzung des sonst zu Kündigenden auf einen leidensgerechten Arbeitsplatz möglich ist.[34] Ebenso wenig, wie der schwerbehin-

---

[28] Landesinstitut für Arbeitsgestaltung des Landes Nordrhein-Westphalen: Komnet-Wissensdatenbank, Was versteht man unter einem Schonarbeitsplatz?.

[29] Neumann/Pahlen/Majerski-Pahlen: SGB IX, § 81, Rn. 22.

[30] Berufsverband der Rechtsjournalisten e. V.: Was ist ein leidensgerechter Arbeitsplatz? – Definition.

[31] Berufsverband der Rechtsjournalisten e. V.: Was ist ein leidensgerechter Arbeitsplatz? – Definition.

[32] Dau/Düwell/Joussen: Sozialgesetzbuch IX, § 81 Rn. 178.

[33] EuGH: Rs. C-13/05, Rn. 44.

[34] Dau/Düwell/Joussen: Sozialgesetzbuch IX, § 81 Rn. 178.

derte Arbeitnehmer Anspruch auf die Zuweisung eines (vorhandenen) leidensgerechten Arbeitsplatzes hat, kann er die Schaffung eines solchen verlangen.[35]

2.2.3 Behindertengerechter Arbeitsplatz

Von einem behindertengerechten Arbeitsplatz wird dann gesprochen, wenn für diesen Arbeitsplatz die Arbeits- und Rahmenbedingungen an die Folgen der anerkannten Behinderung des Stelleninhabers angepasst wurden.[36] Für schwerbehinderte Menschen besteht ein solcher Anspruch auf Anpassung der Arbeitsstelle nach § 164 IV 1 SGB IX. Auf diese Rechte des schwerbehinderten Beschäftigten wird ausführlich in Kapitel 4 dieser Arbeit eingegangen. Bei der Umsetzung dieser Rechte hat der Arbeitgeber insbesondere zu berücksichtigen, wie stark die jeweils vorliegende Behinderung ausgeprägt und welcher Art sie ist.[37]

Ein Anspruch auf Versetzung auf einen behindertengerechten Arbeitsplatz besteht generell nicht, soweit der Arbeitgeber darlegen kann, dass ein entsprechender (freier) Arbeitsplatz nicht zur Verfügung steht. Ebenso ist der behindertengerechte Arbeitsplatz auch nicht nach den Beschäftigungs- und Arbeitswünschen des schwerbehinderten Mitarbeiters auszugestalten.[38]

2.3 Zielsetzung des Schwerbehindertenarbeitsrechts

Das Arbeitsrecht besteht aus der Summe der Normen und Entscheidungen von Präzedenzfällen, die sich mit der Rechtsstellung der Arbeitnehmer und der sich hieraus ergebenden Ansprüche und Verpflichtungen für den Arbeitgeber und Arbeitnehmer befassen.[39]

Das Schwerbehindertenrecht dagegen ist das Rechtsgebiet, welches jene besonderen Vorschriften enthält, die zur Teilhabe der schwerbehinderten Menschen am Leben in der Gesellschaft notwendig sind.[40]

---

35   BAG: Urteil vom 22.11.2005 NZA 2006, 389.
36   Dau/Düwell/Joussen: Sozialgesetzbuch IX, § 81 Rn. 178.
37   Dau/Düwell/Joussen: Sozialgesetzbuch IX § 81 Rn. 179.
38   LAG Rheinland-Pfalz: Urteil vom 3.8.2004; Aktenzeichen: 7 Sa 1099/03 zitiert nach Betriebsratswissen: Behinderter hat keinen Anspruch auf behindertengerechte Tätigkeit.
39   Onpulson: Arbeitsrecht.
40   Springer-Gabler: Wirtschaftslexikon, Schwerbehindertenrecht.

Das Schwerbehindertenarbeitsrecht ist somit das Teilgebiet des Schwerbehindertenrechts, welches sich mit den Besonderheiten befasst, die sich aus der Beschäftigung von Arbeitnehmern mit einer Schwerbehinderung ergeben.

So wie das Behindertenrecht im allgemeinen versucht, Benachteiligungen für die Menschen mit Behinderung (oder solche, die von ihr bedroht sind) zu vermeiden, beziehungsweise deren gleichberechtigte Teilhabe am gesellschaftlichen Leben zu fördern (§ 1 SGB IX), so versucht das Schwerbehindertenarbeitsrecht die schwerbehinderten Arbeitnehmer in den Arbeitsmarkt zu integrieren und sie hier (gleichberechtigt zu den nicht behinderten Beschäftigten) am Arbeitsleben teilhaben zu lassen.

Durch eine der Behinderung angepasste Beschäftigung kann so dem schwerbehinderten Menschen langfristig eine Beschäftigung ermöglicht werden, durch die er finanziell gesehen seine Existenz bestreiten kann.[41] Er kann durch diese Beschäftigung auf Augenhöhe mit den nicht-behinderten Kollegen zusammenarbeiten.[42]

Um dieses Ziel zu erreichen, hält dieses Rechtsgebiet einige Regelungen (insbesondere im 3. Teil des SGB IX[43]) zum Schutz der schwerbehinderten Arbeitnehmer bereit.

---

[41] Neumann/Pahlen/Majerski-Pahlen: SGB IX, § 81 Rn. 23.
[42] Neumann/Pahlen/Majerski-Pahlen: SGB IX, § 81 Rn. 22.
[43] Diese werden – soweit sie für diese Arbeit relevant sind – in den Kapiteln 4 und 5 dieser Arbeit vorgestellt.

3 Situation Schwerbehinderter in Deutschland

3.1 Allgemeine Situation in der Gesellschaft

9,3 % der Einwohner Deutschlands waren zum Jahresende 2015 schwerbehindert.[44] Das sind etwa 7,6 Millionen Menschen. Männer waren mit einem Anteil
von 51 % an den Gesamtbetroffenen etwas häufiger schwerbehindert als Frau-
en.[45] Die Wahrscheinlichkeit einer Schwerbehinderung steigt mit zunehmendem
Alter stark an. Diese Entwicklung betrifft beide Geschlechter gleichermaßen (vergleiche Abbildung 1).

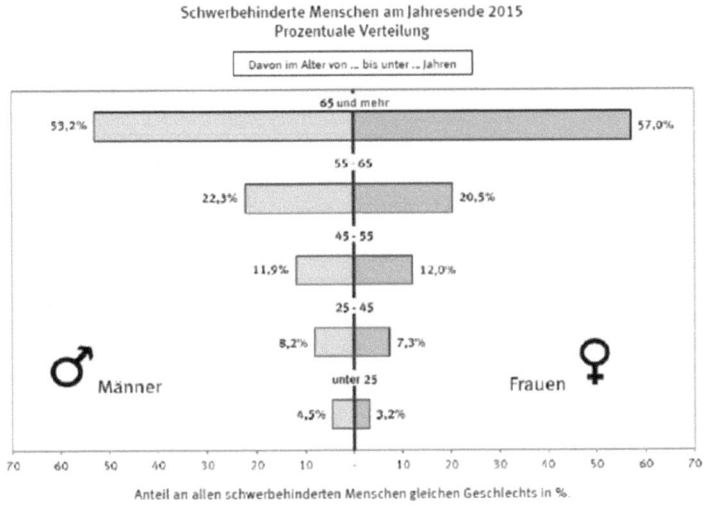

Abbildung 1 Schwerbehinderte Menschen am Jahresende 2015 Prozentuale Verteilung[46]

Innerhalb der Ursachen für Schwerbehinderungen dominieren klar die körperli-
chen Störungen (61,1 %), während den zerebralen (8,9 %) und den geis-
tig/seelischen Ursachen (12,1 %) eine untergeordnete Bedeutung zukommt – wie
Abbildung 2 zeigt. Die meisten Schwerbehinderungen traten in Folge einer Er-

---

[44] Bundesagentur für Arbeit: Berichte: Blickpunkt Arbeitsmarkt | April 2017, Situation schwer-
     behinderter Menschen, Seite 5.
[45] DESTATIS: Statistik der schwerbehinderten Menschen 2015, Seite 5.
[46] DESTATIS: Statistik der schwerbehinderten Menschen 2015, Seite 5.

krankung auf (86,4 %), die anderen wurden beispielsweise durch Verletzungen oder den Beruf versursacht oder waren angeboren.[47]

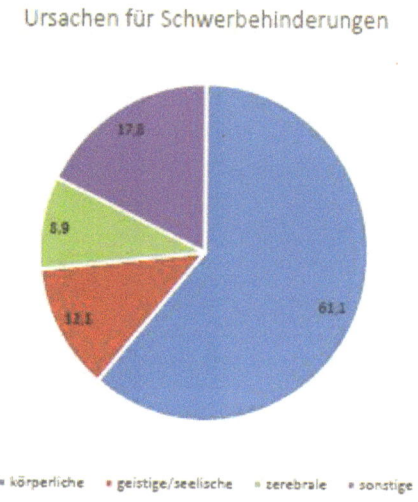

Abbildung 2 Ursachen für Schwerbehinderungen[48]

Über die Hälfte der in Deutschland lebenden Menschen mit einer Schwerbehinderung sind für den Arbeitsmarkt nicht mehr relevant, da sie bereits die Altersgrenze für den Ruhestandseintritt erreicht haben.[49]

3.2 Spezielle Aspekte der Situation am Arbeitsmarkt

Da in dieser Arbeit Ansprüche behinderter Arbeitnehmer aus dem Schwerbehindertenrecht diskutiert werden, wird an dieser Stelle zunächst die Situation der Schwerbehinderten am Arbeitsmarkt in Deutschland vorgestellt.

---

[47] DESTATIS: Statistik der schwerbehinderten Menschen 2015, Seite 5.

[48] Eigene Darstellung angelehnt an DESTATIS: Statistik der schwerbehinderten Menschen 2015, Seite 5.

[49] Bundesagentur für Arbeit: Berichte: Blickpunkt Arbeitsmarkt | April 2017, Situation schwerbehinderter Menschen. Seite 6.

3.2.1 Vorurteile

Auch heute noch werden behinderte (und folglich auch schwerbehinderte) Menschen vom Arbeitsmarkt ausgeschlossen. Dies ist häufig Folge von Vorurteilen in den Köpfen der Arbeitgeber.[50] Hier können beispielsweise die folgenden Vorurteile genannt werden:

Geringere Leistungsfähigkeit durch gesundheitliche Einschränkung:

Es gibt Arbeitgeber, die behinderten Menschen grundsätzlich unterstellen, dass diese aufgrund ihrer Behinderung gesundheitlich (zu stark) beeinträchtigt sind, um auf einem Arbeitsplatz die geforderte Leistung zu erbringen.[51] In der Folge wird dann argumentiert, dass die Kollegen für den Kollegen mit einer Behinderung mitarbeiten müssten. Dieses Gerücht hält sich – obwohl inzwischen mehrfach widerlegt – bis heute hartnäckig.[52]

Unkündbarkeit des schwerbehinderten Arbeitnehmers:

Ebenfalls abschreckend wirkt auf manche Arbeitgeber der Sonderkündigungsschutz für schwerbehinderte Beschäftigte nach §§ 168 ff. SGB IX.[53] Zwar stellt dieser (wie später in Kapitel 5.1.5 dargestellt wird) eine gewisse Hürde hinsichtlich der Arbeitnehmerfreisetzung dar, macht eine Kündigung durch den Arbeitgeber aber nicht unmöglich. So kann der Arbeitgeber grundsätzlich noch immer dann kündigen, wenn dies betriebsbedingt oder verhaltensbedingt notwendig erscheint. Selbst personenbedingte Kündigungen sind möglich, sofern der Grund für die Kündigung nicht in der Behinderung des betroffenen Arbeitnehmers zu suchen ist. Der Arbeitgeber hat allerdings einen erhöhten bürokratischen Aufwand, da er sich (um wirksam kündigen zu können) die Zustimmung des Integrationsamtes zu einer bevorstehenden Kündigung einholen muss – so § 168 SGB IX. Das Integrationsamt stimmt diesen Kündigungen in knapp 80 % der Fälle zu,[54] wie die

---

50 FAZ: Menschen mit Behinderung einstellen - so gelingt's; Nullbarriere: Mitarbeiter mit einer Behinderung - ein Gewinn für Ihr Unternehmen; ZB Spezial: Behinderte Menschen im Arbeitsleben, Seiten 32 f.

51 Minninger/Hinterholz/Westermann: Rechte behinderter Menschen, Seite 63.

52 Feldes: Basiskommentar, § 81 Rn. 45; FAZ: Warum Arbeitgeber sich von der Behinderten-Quote freikaufen.

53 BIH: Jahresbericht 2016|2017, Seite 45.

54 BIH. Jahresbericht 2016|2017, Seite 50.

Tabelle 2: Abgeschlossene Kündigungsverfahren 2016 – Erhalt/Verlust des Arbeitsplatzes zeigt.

Abgeschlossene Kündigungsverfahren 2016 – Erhalt / Verlust des Arbeitsplatzes

	Ordentliche Kündigung		Außerordentliche Kündigung		Änderungskündigung		Erweiterter Beendigungsschutz		Alle Verfahren	
	Anzahl	in %	Anzahl	in %	Anzahl	in %	Anzahl	in %	Anzahl	in %
Erhalt des Arbeitsplatzes	3.260	17,53	1.011	26,82	204	29,06	133	30,02	4.608	19,60
Frauen	1.229	17,02	367	29,60	93	29,81	91	27,74	1.780	19,55
Verlust des Arbeitsplatzes	14.837	79,77	2.614	69,34	478	68,09	237	53,50	18.166	77,26
Frauen	5.787	80,12	814	65,65	207	66,35	184	56,10	6.992	76,81
Kein Kündigungsschutz nach dem SGB IX*	502	2,70	145	3,85	20	2,85	73	16,48	740	3,15
Frauen	207	2,87	59	4,76	12	3,85	53	16,16	331	3,64
Insgesamt	18.599	100,00	3.770	100,00	702	100,00	443	100,00	23.514	100,00
Frauen	7.223	100,00	1.240	100,00	312	100,00	328	100,00	9.103	100,00

* keine Gleichstellung oder Anerkennung als schwerbehinderter Mensch   Quelle: BIH, eigene Erhebung

Tabelle 2 Abgeschlossene Kündigungsverfahren 2016 – Erhalt/Verlust des Arbeitsplatzes[55]

Teilweise erteilt das Integrationsamt selbst dann die Zustimmung zur arbeitgeberseitigen Kündigung, wenn es zuvor die Errichtung und Ausstattung des Arbeitsplatzes für den behinderten Beschäftigten im Betrieb des Arbeitgebers durch Fördergelder überhaupt erst geschaffen hat.[56]

Darüber hinaus ist eine Kündigung in der Erprobung innerhalb der ersten sechs Monate des Bestehens des Arbeitsverhältnisses sogar ohne die Zustimmung des Integrationsamtes möglich – so § 173 I Nr. 1 SGB IX.

Kosten für die Arbeitsplatzanpassung:

Es steht außer Frage, dass die Anpassung eines Arbeitsplatzes, die aufgrund der Einschränkungen durch die Behinderung eines Arbeitnehmers notwendig sind, Geld kosten. Dies ist allerdings kein Grund, Menschen mit Behinderung nicht einzustellen. Denn grundsätzlich gilt, dass ein Arbeitnehmer keine ihm (auch finanziell) unzumutbaren Maßnahmen durchführen muss, um einen Arbeitsplatz be-

---

[55] BIH: Jahresbericht 2016|2017, Seite 50.
[56] DGB Rechtsschutz: Kündigungsschutz für Schwerbehinderte wird zur Farce.

hindertengerecht auszustatten/-richten.[57] Außerdem sind für Arbeitsplatzanpassungen auch finanzielle Förderungen durch die Integrationsämter möglich.[58]

Insgesamt lässt sich daher festhalten, dass die Vorurteile gegenüber Beschäftigten, die an einer Schwerbehinderung leiden, zu einem Großteil unbegründet sind. Dies liegt unter anderem daran, dass die Integrationsämter (und auch andere Stellen) die Arbeitgeber bei Bedarf dabei beratend aber auch finanziell unterstützen, Schwerbehinderte in den Betrieb und den Arbeitsmarkt zu integrieren.[59]

3.2.2 Abschlüsse

Es gibt keine Statistiken über die Berufsabschlüsse aller in Deutschland lebenden Menschen mit einer Schwerbehinderung. Die beruflichen Qualifizierungen werden aber gleichwohl durch die Bundesagentur für Arbeit für die arbeitslos gemeldeten Schwerbehinderten erfasst. Vergleicht man die Zahlen des Jahres 2016 zwischen schwerbehinderten und nicht-schwerbehinderten Arbeitslosen, so lässt sich feststellen, dass die Gruppe der Schwerbehinderten durchschnittlich über einen höheren berufsqualifizierenden Abschluss verfügt (vergleiche dazu Abbildung 3: Berufsausbildungen der Arbeitslosen im Jahr 2016 in Prozent).

---

[57] Besgen: Schwerbehindertenrecht, Rn. 51.
[58] BIH: Leistungen für behinderte Menschen im Beruf in ABC Behinderung und Beruf, Seite 295.
[59] Nullbarriere: Mitarbeiter mit einer Behinderung - ein Gewinn für Ihr Unternehmen.

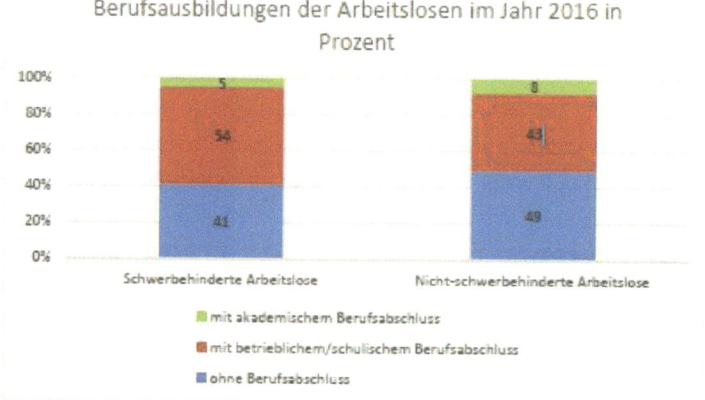

Abbildung 3 Berufsausbildungen der Arbeitslosen im Jahr 2016 in Prozent[60]

3.2.3 Beschäftigung nach Branchen

Etwas über 1 Million der schwerbehinderten Menschen in Deutschland arbeiten in einem Unternehmen mit mindestens 20 Arbeitnehmern.[61] Wie ungleichmäßig sie hierbei in den einzelnen Branchen vertreten sind, zeigt die folgende Abbildung 4: Verteilung der schwerbehinderten Beschäftigten nach Branchen.

---

[60] Eigene Darstellung angelehnt an Bundesagentur für Arbeit: Berichte: Blickpunkt Arbeitsmarkt | April 2017, Situation schwerbehinderter Menschen Seite 11.

[61] Bundesagentur für Arbeit: Berichte: Blickpunkt Arbeitsmarkt | April 2017, Situation schwerbehinderter Menschen, Seite 7.

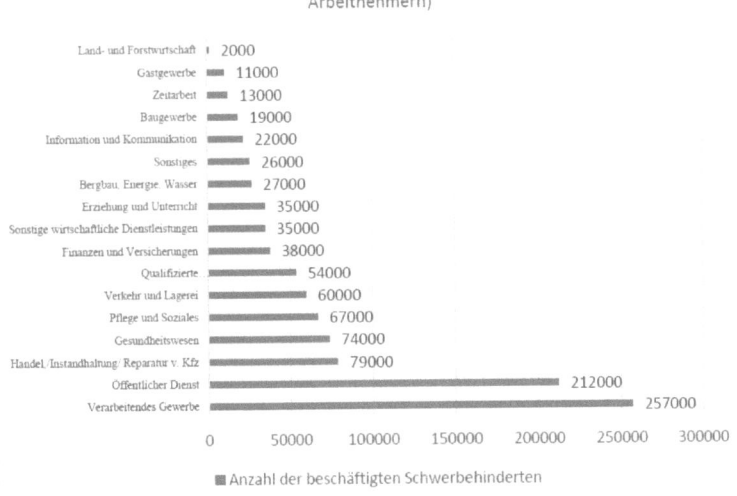

Abbildung 4 Verteilung der schwerbehinderten Beschäftigten nach Branchen[62]

Es zeigt sich, dass insbesondere im öffentlichen Dienst die Zahl der schwerbehinderten Beschäftigten relativ hoch ist. Dies lässt sich unter anderem damit erklären, dass für manche Behörden (und sonstige Einrichtungen) des Bundes die Beschäftigungsquote von Schwerbehinderten 6 % beträgt (siehe hierzu § 241 I SGB IX). Im Vergleich hierzu ist die Pflichtquote an schwerbehinderten Beschäftigten für privat(rechtlich)e Arbeitgeber mit 5 % nach § 154 I SGB IX niedrig.

In der Privatwirtschaft werden die Schwerbehinderten in allen Branchen beschäftigt. Allerdings lässt sich hier ein deutlicher Trend zum Einsatz im verarbeitenden Gewerbe erkennen, während die Zahl der Beschäftigten in Land-/Forstwirtschaft, Gastgewerbe und Zeitarbeit sehr gering ist.

Im Durchschnitt gelang es dem öffentlichen Dienst in der Praxis seine Beschäftigungspflichtquote im Zeitraum von 2009 – 2015 zu erfüllen (die Beschäftigungsquote schwankte zwischen 6,3 % und 6,6 %). Die Privatwirtschaft hingegen ver-

---

[62] Bundesagentur für Arbeit, Berichte: Blickpunkt Arbeitsmarkt | April 2017, Situation schwerbehinderter Menschen. Seite 7.

fehlte mit einer Beschäftigungsquote zwischen 3,9 % und 4,1 % die gesetzliche Vorgabe.[63]

3.2.4 Erwerbs- und Arbeitsquote

Von den etwa 7,6 Millionen Menschen in Deutschland mit Behinderung sind nur etwa 43 % im erwerbsfähigen Alter.[64] Das entspricht circa 3,3 Millionen Menschen. Ein Drittel (1,03 Millionen) davon stand im Jahr 2015 in Beschäftigung.[65] Im Jahr 2016 bemühten sich 171.000 weitere Schwerbehinderte um eine Arbeitsstelle.[66]

Der Anteil der Erwerbstätigen (an der Gesamtgruppe der Schwerbehinderten) lag damit bei ungefähr 15,8 %.[67] Dieser Wert liegt deutlich unter der Erwerbsquote von 55 % für Gesamtdeutschland.[68] Werden von einer Schwerbehinderung betroffene Arbeitnehmer arbeitslos, so benötigen sie durchschnittlich deutlich länger als nicht-schwerbehinderte Arbeitslose, um eine neue Beschäftigung zu finden.[69]

3.2.5 Gesetzliche Entwicklungen

Das Schwerbehindertenrecht (und damit auch das Schwerbehindertenarbeitsrecht als dessen Bestandteil) wird kontinuierlich fortentwickelt.

So wurde das Schwerbehindertenrecht zuletzt durch das Inkrafttreten des Bundesteilhabegesetzes[70] am 01.01.2017 überarbeitet. Dieses wirkt sich derzeit auch

---

[63]   BIH: Jahresbericht 2016|2017, Seite 21.

[64]   BIH: Jahresbericht 2016 / 2017, Seite 20.

[65]   BIH: Jahresbericht 2016 / 2017, Seite 21.

[66]   Bundesagentur für Arbeit: Berichte: Blickpunkt Arbeitsmarkt | April 2017, Situation schwerbehinderter Menschen, Seite 9.

[67]   Aufgrund der nicht bekannten Zahlen der arbeitslosen Schwerbehinderten in 2015 wurde hier unterstellt, dass der absolute Wert vergleichbar dem in 2016 war. Die Erwerbsquote wurde dann berechnet mit der Formel: [(Anzahl der arbeitenden Schwerbehinderten + Anzahl der arbeitsuchenden Schwerbehinderten)/Gesamtzahl der Schwerbehinderten]*100.

[68]   Statista, Erwerbsquote in Deutschland von 1991 – 2017.

[69]   Bundesagentur für Arbeit: Berichte: Blickpunkt Arbeitsmarkt | April 2017, Situation schwerbehinderter Menschen, Seite 13.

[70]   Bundesteilhabegesetz vom 23. Dezember 2016 (BGBl. I S. 3234), zuletzt geändert durch Artikel 27 Nummer 1 des Gesetzes vom 17. Juli 2017 (BGBl. I S. 2541).

auf das SGB IX aus. Dieses soll bis 2020 überarbeitet und erweitert werden und dann mit einem zusätzlichen Teil in Kraft treten.[71]

3.3 Zusammenfassung der aktuellen Arbeitsmarktlage

Zusammenfassend lässt sich festhalten, dass Menschen mit einer Schwerbehinderung auf der Suche nach einer geeigneten Beschäftigung vielen (falschen) Vorurteilen begegnen. Dies führt dazu, dass sie trotz durchschnittlich höherer Bildungsabschlüsse öfter und länger arbeitslos sind. Auch bieten sich ihnen nicht in allen Branchen die gleichen Zugangschancen. Zumindest der öffentliche Dienst aber schafft es, seine gesetzliche Beschäftigungspflicht an Schwerbehinderten mehr als zu erfüllen.

---

[71] BIH: Jahresbericht 2016|2017, Seite 10.

4 Behindertengerechte Beschäftigung nach § 164 IV SGB IX

4.1 Bestandteile der behindertengerechten Beschäftigung

§ 164 IV SGB IX[72] regelt die Ansprüche der schwerbehinderten Arbeitnehmer gegenüber ihren Arbeitgebern auf eine behindertengerechte Beschäftigung. Bei ihnen handelt es sich um Schutzgesetze, die den Arbeitnehmer durch konkrete und gerichtlich durchsetzbare Ansprüche in seiner Stellung gegenüber dem Arbeitgeber rechtlich stärken.[73] Nach nationalem Recht gelten sie nur für schwerbehinderte Beschäftigte. Fraglich ist allerdings, ob sie darüber hinaus in ihrer Wirkung durch eine richtlinienkonforme Auslegung auch auf behinderte Beschäftigte erstreckt werden können, da Art. 5 der Europäischen Gleichbehandlungsrichtlinie (2000/78/EG[74]) terminologisch nicht zwischen diesen beiden Gruppen differenziert. Auch wenn diese Frage noch nicht beantwortet wurde, sollen die Ansprüche aus der behindertengerechten Beschäftigung hier zumindest schon einmal für die schwerbehinderten Beschäftigten beleuchtet werden.

4.2 Beschäftigung nach Kenntnissen und Fähigkeiten

§ 164 IV 1 Nr. 1 SGB IX räumt den schwerbehinderten Beschäftigten gegenüber ihren Arbeitgebern einen Anspruch auf eine solche Beschäftigung ein, bei der sie ihre Fähigkeiten und Kenntnisse möglichst voll verwerten und darüber hinaus auch weiterentwickeln können sollen.

Unter Kenntnissen wird dabei die Gesamtheit des Wissens verstanden, über welches der Beschäftigte verfügt. Die Fähigkeiten hingegen bezeichnen sämtliche Bedingungen, die benötigt werden, damit eine Tätigkeit durch den betroffenen Beschäftigten ausgeübt werden kann.[75]

Der Arbeitgeber hat daher entsprechende Stellen für diese Zielgruppe vorzuhalten und soweit dies nicht der Fall ist, diese durch Umorganisation und –gestaltung

---

[72] Die Norm findet sich abgedruckt in Anlage 2.

[73] Knittel: SGB IX Kommentar, § 81 Rn. 217.

[74] Richtlinie des Rates 2000/78/EG vom 27. November 2000 zur Festlegung eines allgemeinen Rahmens für die Verwirklichung der Gleichbehandlung in Beschäftigung und Beruf (ABl. EG Nr. L 303 S. 16).

[75] Rosenstiel/Nerdinger: Grundlagen der Organisationspsychologie, Seite 69.

neu zu schaffen. Die bloße Zuweisung irgendeines Arbeitsplatzes genügt daher nicht den Anforderungen dieses gesetzlichen Anspruches.[76]

Regelmäßig genügt es aber, wenn der schwerbehinderte Mitarbeiter gemäß Arbeitsvertrag eingesetzt wird.[77] Ist der betroffene Arbeitnehmer nicht mehr in der Lage, seine arbeitsvertraglich geschuldete Arbeitsleistung auf dem ihm zugewiesenen Arbeitsplatz zu erbringen, so führt der hier ausgeführte Anspruch des Beschäftigten dazu, dass der Arbeitgeber gegebenenfalls sogar eine Vertragsänderung in Betracht ziehen muss.[78] Neben dieser kommt – für den Fall, dass der Schwerbehinderte den Tätigkeiten, die auf seinem Arbeitsplatz anfallen, dauerhaft nicht mehr gewachsen ist – auch eine Versetzung oder falls keine entsprechende Stelle frei ist, auch ein Stellentausch in Betracht.[79] Bei solchen Maßnahmen obliegt es grundsätzlich dem Schwerbehinderten selbst, darzulegen, welche Stellen er besetzen und welche Aufgaben er wahrnehmen kann.[80] Hierauf kann der Arbeitgeber dann ausführen, warum die dargestellten Lösungsmöglichkeiten nicht bestehen und daher nicht umsetzbar sind.[81]

Bei der Zuweisung von Arbeit hat der Arbeitgeber allerdings auf die Berufsausbildung und -erfahrung des Betroffenen Rücksicht zu nehmen. Tut er das, so ist üblicherweise dem Anspruch des Mitarbeiters genüge getan.[82]

Wenn der Schwerbehinderte erst einmal gemäß seinen Kenntnissen und Fähigkeiten eingesetzt wird, obliegt dem Arbeitgeber ihm gegenüber weiterhin eine Förderpflicht. Diese erstreckt sich auch – soweit möglich – auf die Neigungen des Betroffenen.[83] Abhängig von den Möglichkeiten innerhalb des jeweiligen Betriebes kann diese Pflicht dazu führen, dass der Schwerbehinderte auch auf anderen Stellen eingesetzt oder mit anderen Aufgaben betraut wird, um hinsichtlich dieser erprobt zu werden.[84] Sollte der Arbeitnehmer sich mit der Zeit auch für höhere Positionen weiterqualifizieren, so hat er durch das Gesetz selbst keinen zwingen-

---

[76] Feldes: Basiskommentar, § 164 Rn. 43.
[77] Däubler: Arbeitsrecht, SGB IX, § 81 Rn. 11; Knittel: SGB IX Kommentar, § 81 Rn. 223.
[78] BAG: Urteil vom 4.10.2005, 9 AZR 623/04.
[79] Nassibi, NZA 2012, 720 zitiert nach Kossens: SGB IX, § 81 Rn. 63.
[80] BAG: Urteil vom 14.3.2006 - 9 AZR 411/05.
[81] Feldes: Basiskommentar, § 164 Rn. 49b.
[82] Kossens: SGB IX, § 81 Rn. 61; BAG: Urteil vom 21.03.2001, AP Nr. 1 zu § 81 SGB IX.
[83] Knittel: SGB IX Kommentar, § 81 Rn. 222.
[84] Feldes: Basiskommentar, § 164 Rn. 45.

den Anspruch auf eine Beförderung.[85] Da der Arbeitgeber sich aber um die Förderung des Schwerbehinderten kümmern muss und er auch dafür zu sorgen hat, dass die neu erworbenen Kenntnisse und Fähigkeiten eingesetzt werden können, hat er zumindest zu prüfen, ob nicht eine Übertragung eines höherwertigen Arbeitsplatzes in Betracht kommt.[86] Weist der Schwerbehinderte die gleiche Eignung für eine freie Beförderungsstelle auf wie ein nichtbehinderter Bewerber, so kann das Auswahlermessen des Arbeitgebers bei der Stellenbesetzung weitgehend eingeschränkt werden und sich darauf verdichten, dass er den schwerbehinderten Bewerber zu bevorzugen hat – soweit nicht betriebliche Gründe dem entgegenstehen.[87] Besetzt ein Arbeitgeber dagegen nur Arbeitsplätze ohne Aufstiegs- und Entwicklungsperspektiven mit für diese Plätze überqualifizierten schwerbehinderten Arbeitnehmern, verletzt er deren Anspruch auf Beschäftigung unter Nutzung und Verwertung ihrer Kenntnisse und Fähigkeiten.[88]

4.2.1 Bevorzugte Berücksichtigung bei innerbetrieblichen beruflichen Bildungsmaßnahmen

Die schwerbehinderten Beschäftigten sind durch ihre Arbeitgeber bei der Teilnahme an innerbetrieblichen Maßnahmen der beruflichen Bildung zur Förderung des beruflichen Fortkommens nach § 164 IV 1 Nr. 2 SGB IX bevorzugt zu berücksichtigen. Dies gilt allerdings nur, wenn im Betrieb des Arbeitgebers solche Maßnahmen überhaupt angeboten werden.[89] Die Maßnahmen selbst können durch das Integrationsamt gegenüber dem Arbeitgeber, wie auch gegenüber dem schwerbehinderten Arbeitnehmer auf unterschiedliche Art gefördert werden.[90]

Durch die bevorzugte Berücksichtigung von Schwerbehinderten bei der Durchführung von innerbetrieblichen Bildungsmaßnahmen, sollen diese weiter und besser qualifiziert werden. Da sie hierdurch einerseits auch für einen beruflichen Aufstieg in Frage kommen[91] und andererseits weiterhin auf ihrem bisherigen Ar-

---

[85] Müller-Wenner/Winkler: SGB IX Teil 2, § 81 Rn. 76.

[86] Feldes: Basiskommentar, § 164 Rn. 46.

[87] Müller-Wenner/Winkler: SGB IX Teil 2, § 81 Rn. 76.

[88] Feldes: Basiskommentar, § 164 Rn. 48.

[89] Besgen: Schwerbehindertenrecht, Rn. 54; Knittel, SGB IX Kommentar, § 81 Rn. 280.

[90] Knittel: SGB IX Kommentar, § 81 Rn. 281.

[91] Dau/Düwell/Joussen: Sozialgesetzbuch IX, § 81 Rn. 195.

beitsfeld besser einsetzbar bleiben, können sie auf diesem Weg langfristig einfacher in den Arbeitsmarkt integriert werden.[92]

Um seiner Förderpflicht zu entsprechen, hat der Arbeitgeber (oder die für den schwerbehinderten Beschäftigten zuständige Führungskraft) regelmäßig den Qualifizierungs- und Förderbedarf des betroffenen Mitarbeiters zu ermitteln und mit diesem zu erörtern.[93]

An innerbetrieblichen Bildungsmaßnahmen kommen beispielsweise in Betracht:

- Betriebliche Berufsausbildung[94] oder Umschulung[95]
- Inhouse-Seminare als Anpassungsweiterbildung[96]
- Einsatz auf verschiedenen Arbeitsplätzen[97] oder Betrauung mit zusätzlichen Aufgaben durch Job Rotation, Job Enlargement oder Job Enrichment[98]

Sollten für bestimmte Maßnahmen der innerbetrieblichen beruflichen Bildung nicht genügend Plätze für alle Bewerber vorhanden sein, so geht der gesetzliche Anspruch der schwerbehinderten Bewerber den Ansprüchen der sonstigen Bewerber vor, soweit beide für die Teilnahme an der Maßnahme gleich gut geeignet sind.[99] Eine gleiche Eignung liegt dann vor, wenn hinsichtlich der Kenntnisse und Fähigkeiten sowie der Leistungen Vergleichbarkeit gegeben ist.[100] Den Schwerbehinderten ist dann der Vorzug einzuräumen.[101] Hier kommt es zu einer Besserstellung und –behandlung der Schwerbehinderten. Dies verstößt jedoch nicht gegen den allgemeinen Gleichbehandlungssatz aus dem Art. 3 III GG[102].[103] Dies folgt daraus, dass der Verfassungsgeber im Satz 2 der Norm das Wort „bevorzugt" nicht

---

[92] Müller-Wenner/Winkler: SGB IX Teil 2, § 81 Rn. 78.
[93] Feldes: Basiskommentar, § 164 Rn. 50b.
[94] Feldes: Basiskommentar, § 164 Rn. 51; Becker: Personalwirtschaft, Seite 159.
[95] Olfert: Personalwirtschaft, Seite 134.
[96] Becker: Personalwirtschaft, Seite 161.
[97] Kossens: SGB IX, § 81 Rn. 82.
[98] Scholz: Personalmanagement, Seite 582.
[99] Dau/Düwell/Joussen: Sozialgesetzbuch IX, § 81 Rn. 195.
[100] Kossens: SGB IX, § 81 Rn. 82.
[101] VG Frankfurt: Urteil vom 29.2.2008 – 9 E 941/07.
[102] Grundgesetz für die Bundesrepublik Deutschland vom 23. Mai 1949, zuletzt geändert durch Artikel 1 des Gesetzes vom 13. Juli 2017 (BGBl. I S. 2347).
[103] Jarass/Pieroth: GG Kommentar, Art. 3 Rn. 146; Marburger: SGB IX Rehabilitation und Teilhabe behinderter Menschen, Seite 40.

erwähnt hat. Er hat hinsichtlich der Behinderung lediglich die Benachteiligung (durch explizite Nennung) ausgeschlossen. Dies lässt sich durch Auslegung ermitteln, da im Gegensatz zu Satz 2 in Art. 3 III 1 GG sowohl die Bevorzugung als auch die Benachteiligung (für die dort genannten Merkmale) ausgeschlossen werden.

4.2.2 Erleichterung der Teilnahme an außerbetrieblichen beruflichen Bildungsmaßnahmen

Die schwerbehinderten Beschäftigten haben gegenüber ihrem Arbeitgeber gemäß § 164 IV 1 Nr. 3 SGB IX einen Anspruch darauf, dass er ihnen die Teilnahme an außerbetrieblichen Maßnahmen der beruflichen Bildung erleichtert. Dies gilt nur insoweit, als ihm diese Erleichterung der Teilnahme durch den schwerbehinderten Arbeitnehmer zugemutet werden kann.[104]

Die Grenzen für zumutbare Erleichterungen sind hierbei jeweils individuell zu ermitteln.[105] Der Arbeitgeber kann sich bei der Wahrnehmung dieser Verpflichtung durch das Integrationsamt unterstützen lassen.[106]

Gegenüber den Schwerbehinderten trifft den Arbeitgeber aber in jedem Fall immer die Pflicht, auf außerbetriebliche Fortbildungen hinzuweisen und aufmerksam zu machen, soweit diese für die Beschäftigung im derzeitigen Betrieb nützlich sind. Er hat ferner darauf hinzuwirken, dass seine schwerbehinderten (interessierten) Beschäftigten in die Bildungsmaßnahme aufgenommen werden.[107]

So können den schwerbehinderten Beschäftigten hinsichtlich der Erleichterung der Teilnahme an außerbetrieblichen Maßnahmen der beruflichen Bildung durch die Arbeitgeber die Reisen zum Veranstaltungsort und von dort zurück organisiert und gezahlt werden.[108] Als weitere Unterstützungsmaßnahmen kommen außerdem in Betracht die bezahlte Freistellung von der Arbeitsverpflichtung und die Fortzahlung des Arbeitsentgelts während der Teilnahme an der Bildungsmaßnahme.[109] Ebenso kann unter Umständen der betroffene Mitarbeiter die Bereit-

---

[104] Besgen: Schwerbehindertenrecht, Rn. 55.
[105] Kossens: SGB IX, § 81 Rn. 83; Besgen: Schwerbehindertenrecht, Rn. 55.
[106] Knittel: SGB IX Kommentar, § 81 Rn. 284.
[107] Knittel: SGB IX Kommentar, § 81 Rn. 284.
[108] Däubler: Arbeitsrecht, SGB IX, § 81 Rn. 12.
[109] Kossens: SGB IX, § 81 Rn. 83.

stellung des benötigten Lehr- und Lernmaterials durch den Arbeitgeber verlangen.[110]

Aus der Verpflichtung des Arbeitgebers, den Zugang zur Teilnahme an den außerbetrieblichen Bildungsmaßnahmen in zumutbaren Umfang zu erleichtern, ergibt sich allerdings nicht pauschal der Anspruch des schwerbehinderten Arbeitnehmmers, hierdurch einen beruflichen Aufstieg zu erreichen. Dies ist vielmehr nur vereinzelt dann der Fall, wenn der entsprechende Mitarbeiter im Vergleich zu seinen Kollegen und Mitbewerbern auch über die gleiche Qualifikation verfügt wie diese.[111]

4.2.3 Behinderungsgerechte Einrichtung der Arbeitsstätte

Aus § 164 IV 1 Nr. 4 SGB IX ergibt sich für den Arbeitgeber die Verpflichtung, den Betrieb behindertengerecht zu gestalten. Hiervon werden die Betriebsstätte, wie auch die Organisation des Betriebes umfasst.[112]

Im Bereich der Betriebsstätte kann es beispielsweise erforderlich sein, dass der Arbeitgeber *„Anlagen wie Toiletten, Aufzüge, Zugänge zur Kantine, zum Betriebsratsbüro, zum Büro der Schwerbehindertenvertretung"*[113] behindertengerecht einrichtet. Ebenso können Parkplätze für Behinderte in Betriebsnähe notwendig sein.[114]

Neben der Betriebsstätteneinrichtung geht es auch um die behindertengerechte Organisation der Arbeit innerhalb des Betriebes. Hierzu zählen auch die Einflüsse, die sich aus der Umgebung auf die Arbeitsorganisation ergeben.[115] In diesem Bereich kann es unter Umständen notwendig sein, dass die anfallende Arbeit auf die einzelnen Mitarbeiter anders verteilt wird.[116] Auch eine Anpassung der Arbeitszeit kann erforderlich sein.[117] Diese kann so weit gehen, dass auch das Arbeits-

---

[110] Besgen: Schwerbehindertenrecht, Rn. 55.

[111] Dau/Düwell/Joussen: Sozialgesetzbuch IX, § 81 Rn. 192.

[112] Feldes: Basiskommentar, § 164 Rn. 54; Müller-Wenner/Winkler: SGB IX Teil 2, § 81 Rn. 80.

[113] Dau/Düwell/Joussen: Sozialgesetzbuch IX, § 81 Rn. 198; Knittel: SGB IX Kommentar, § 81 Rn. 285.

[114] BAG: Urteil vom 4.2.60, AP Nr. 7 zu § 618 BGB.

[115] Däubler: Arbeitsrecht, SGB IX, § 81 Rn. 13.

[116] Müller-Wenner/Winkler: SGB IX Teil 2, § 81 Rn. 81.

[117] Besgen: Schwerbehindertenrecht, Rn. 46; Müller-Wenner/Winkler: SGB IX Teils 2, § 81 Rn. 82.

tempo selbst reduziert und dadurch an die vorliegende Behinderung angepasst wird.[118] In Schichtbetrieben kann auch erforderlich sein, dass der von Behinderung betroffene Mitarbeiter von einzelnen Schichten – beispielsweise der Nachschicht – befreit wird.[119] Die Notwendigkeit solcher organisatorischer Umstrukturierungen wird regelmäßig durch ärztliche Bescheinigungen nachgewiesen.[120] Ein solches ärztliches Gutachten muss allerdings hinreichend konkret sein.[121] Die konkret zu ergreifenden Maßnahmen werden in Zusammenarbeit zwischen Betrieb und Integrationsamt einzelfallbezogen ermittelt.[122] Der betroffene Arbeitnehmer kann sich dabei allerdings weder die einzelnen Arbeiten aussuchen, die er gerne verrichten würde, noch kann er die Stelle wählen, die er besetzen möchte.[123] Die Aufgabe, darzulegen, welche Aufgaben durch ihn wahrgenommen werden können, obliegt immer dem schwerbehinderten Mitarbeiter, der seinen Anspruch auf behinderungsgerechte Einrichtung der Arbeitsstätte geltend macht.[124]

Die Verpflichtung des Arbeitgebers zur behinderungsgerechten Gestaltung des Arbeitsplatzes führt über die eben beschriebenen Verpflichtungen hinaus dazu, dass schwerbehinderte Bewerber durch den Arbeitgeber nicht deshalb abgelehnt werden dürfen, weil dieser seinen Betrieb nicht auf die konkret bei dem Bewerber vorliegende Behinderung vorbereitet sieht.[125]

4.2.4 Notwendige technische Arbeitshilfen

Gemäß § 164 IV 1 Nr. 5 SGB IX haben die Schwerbehinderten Anspruch darauf, dass ihre Arbeitgeber ihnen die technischen Arbeitshilfen zur Verfügung stellen, die erforderlich sind, um trotz der Behinderung den Arbeitsplatz ausüben zu können.

Technische Arbeitshilfen in diesem Sinne sind daher sämtliche Vorrichtungen, die einen schwerbehinderten Beschäftigten dazu befähigen, trotz seiner Behinde-

---

[118] LAG Rheinland-Pfalz: Urteil vom 14.7.2005 – 11 Sa 253/05.

[119] Dau/Düwell/Joussen: Sozialgesetzbuch IX, § 81 Rn. 201.

[120] LAG Rheinland-Pfalz: Urteil vom 3.2.2005 – 4 Sa 900/04.

[121] Knittel: SGB IX Kommentar, § 81 Rn. 287.

[122] Kossens: SGB IX, § 81 Rn. 87.

[123] Kossens: SGB IX, § 81 Rn. 88.

[124] LAG Rheinland-Pfalz: Urteil vom 22.1.2004, LAGReport 2004, 360.

[125] LAG Berlin-Brandenburg: Urteil vom 14.3.2013, 25 Sa 2304/12 zitiert nach Kossens: SGB IX, § 81 Rn. 86.

rung, die ihm abverlangten Leistungen und Verrichtungen der Berufsarbeit im Arbeitsleben zu ermöglichen. Sie können dafür entweder am Menschen mit Behinderung selbst oder auch an den Einrichtungsgegenständen des Betriebs angebracht werden.[126]

Als Beispiele für solche technischen Hilfsmittel können genannt werden Hebehilfen für Mitarbeiter mit Rückenleiden, Spezialcomputer für blinde oder stark sehbeeinträchtigte schwerbehinderte Mitarbeiter.[127]

Auch *„Arbeitsstühle, Sehhilfen, technische Einrichtungen, die das Bestücken von Maschinen erleichtern etc."*[128] kommen hier in Frage. Prothesen etwa sind als Körperersatzstücke selbst keine Arbeits- und Hilfsmittel im Sinne der Norm.[129]

Keine technischen Arbeitshilfen muss der Arbeitgeber dann zur Verfügung stellen, wenn ihm gegenüber die dafür notwendigen Aufwendungen unverhältnismäßig sind und ihm daher nicht zugemutet werden können.[130] Der Arbeitgeber kann sich bei der Beschaffung der technischen Arbeitshilfen für seine schwerbehinderten Beschäftigten durch die Bundesagenturen für Arbeit und die Integrationsämter unterstützen lassen.[131] Nimmt er zu diesen gar nicht erst Kontakt auf, so kann er sich nicht darauf berufen, dass ihm das zur Verfügung stellen dieser Mittel nicht zumutbar ist.[132]

4.3 Folgen des Rechts auf behindertengerechte Beschäftigung

Stehen der Erfüllung der Ansprüche durch den Arbeitgeber keine staatlichen oder berufsgenossenschaftlichen Arbeitsschutzvorschriften im Weg[133] und kann der Arbeitgeber sich auch nicht auf Unzumutbarkeit berufen,[134] so kann der schwerbehinderte Arbeitnehmer auf unterschiedliche Arten gegenüber dem Arbeitgeber reagieren, wenn dieser gegen die Rechte des Beschäftigten verstößt. Als wichtigs-

---

126 Besgen: Schwerbehindertenrecht Rn. 47; Kossens: SGB IX, § 81 Rn. 90.
127 Feldes: Basiskommentar, § 164 Rn. 56a; Dau/Düwell/Joussen: Sozialgesetzbuch IX, § 81 Rn. 202.
128 Däubler: Arbeitsrecht, SGB IX, § 81 Rn. 14.
129 BSG: Urteil vom 22.9.1981.
130 Däubler: Arbeitsrecht, SGB IX, § 81 Rn. 14.
131 Feldes: Basiskommentar § 164 Rn. 58; Knittel: SGB IX Kommentar, § 81 Rn. 296.
132 ArbG Berlin: Urteil vom 4.11.2011 – 28 Ca 8209/11 – Rn. 64 PflR 2012, 104.
133 Rolfs, in Müller-Glöge/Preis/Schmidt: ErfK, SGB IX, § 164 Rn. 16.
134 Rolfs, in Müller-Glöge/Preis/Schmidt: ErfK, SGB IX, § 164 Rn. 14.

te sollen nachfolgend dargestellt werden, die gerichtliche Durchsetzung der zuvor dargestellten Rechte, Schadensersatz- und Unterlassungsansprüche des Arbeitnehmers sowie seine Leistungsverweigerungsrechte.

4.3.1 Klageweise durchsetzbar

Die Ansprüche aus § 164 IV 1 Nr. 1 – 5 SGB IX sind einklagbar.[135] Sollte ein Arbeitgeber sie also – trotz Verhältnismäßigkeit und Zumutbarkeit – seinen schwerbehinderten Beschäftigten gegenüber nicht gewähren, so können diese das Arbeitsgericht anrufen und im Wege einer Leistungsklage versuchen, die Ansprüche dennoch durchzusetzen.

Die Darlegungs- und Beweislast obliegt dann allerdings dem klagenden schwerbehinderten Arbeitnehmer. Der Arbeitgeber hat sich dann auf die Vorträge des Klägers substantiiert einzulassen, da er allein den Überblick über alle im Unternehmen vorhandenen Stellen hat.[136]

4.3.2 Schadensersatz- und Unterlassungsansprüche gegen Arbeitgeber

Der § 164 IV SGB IX stellt mit seinen Ansprüchen für die schwerbehinderten Arbeitnehmer Schutzgesetze (auch im Sinne des § 823 II BGB[137]) auf.[138] Daraus folgt, dass im Falle eines Verstoßes gegen ein solches Schutzgesetz durch den Arbeitgeber dem schwerbehinderten Arbeitnehmer ein Recht auf Schadensersatz zusteht. Parallel zu diesem deliktischen Schadensersatzanspruch kann allerdings auch noch ein solcher aus vertraglicher Pflichtverletzung nach § 280 I BGB vorrangig zu prüfen sein.[139]

Neben dem Schadensersatz dürfte den betroffenen schwerbehinderten Beschäftigten auch noch ein Unterlassungsanspruch aus § 1004 I BGB analog zustehen. Mit diesem können sie auf Unterlassung bezüglich der weiteren Verletzung von ihnen zustehenden Schutzrechten gegen den Arbeitgeber vorgehen.

---

135 Besgen: Schwerbehindertenrecht, Rn. 45 und Rn. 51.

136 Müller-Wenner/Winkler: SGB IX Teil 2, § 81 Rn. 87.

137 Bürgerliches Gesetzbuch vom 2. Januar 2002 (BGBl. I S. 42, 2909; 2003 I S. 738), zuletzt geändert durch Artikel 1 des Gesetzes vom 20. Juli 2017 (BGBl. I S. 2787).

138 Feldes: Basiskommentar, § 164 Rn. 1.

139 BAG: Urteil vom 19.5.2010 – 5 AZR 162/09 – NZA 2010, 1119; BAG: Urteil vom 3.12.2002 – 9 AZR 462/01 – NZA 2004, 1219.

4.3.3 Leistungsverweigerungsrechte bei Verstößen gegen behinderungsgerechte Beschäftigung

Der Arbeitgeber schuldet dem schwerbehinderten Arbeitnehmer eine behindertengerechte Beschäftigung aus dem Arbeitsvertrag in Verbindung mit dem SGB IX.

Wird dieses Recht aber unzulässiger Weise deshalb verweigert, weil ein Schwerbehinderter dadurch seine Arbeit nicht mehr leisten können soll, um dadurch in seiner Würde als vollwertiger Mitarbeiter herabgesetzt oder erniedrigt zu werden, dann könnte darin nach § 3 III AGG[140] eine unzulässige Benachteiligung in Form der Belästigung liegen.[141] Wäre das der Fall, könnte nach § 14 AGG der Betroffene die Arbeitsleistung verweigern, ohne seinen Arbeitsplatz dadurch zu gefährden.

---

[140] Allgemeines Gleichbehandlungsgesetz vom 14. August 2006 (BGBl. I S. 1897), zuletzt geändert durch Artikel 8 des Gesetzes vom 3. April 2013 (BGBl. I S. 610).

[141] Schleusener/Suckow/Voigt: AGG, § 3 Rn. 138.

5 Weitere Ansprüche aus dem Schwerbehindertenarbeitsrecht

5.1 Aus dem SGB IX

Neben dem Anspruch auf behindertengerechte Beschäftigung nach § 164 IV SGB IX finden sich im 3. Teil des SGB IX noch einige weitere Ansprüche und Schutzvorschriften zugunsten der schwerbehinderten Beschäftigten.

5.1.1 Beschäftigungsquote

In § 154 I SGB IX wird eine Beschäftigungspflichtquote aufgestellt. Diese verlangt, dass Arbeitgeber, in deren Betrieben im Jahresdurchschnitt mindestens 20 Arbeitsplätze existieren, auf mindestens 5 % dieser Arbeitsplätze schwerbehinderte Arbeitskräfte einsetzen. Bei der Ermittlung der vorhandenen Arbeitsplätze bleiben Ausbildungs- und Referendarsstellen nach § 157 I SGB IX außer Betracht.

Abweichend hiervon gilt für manche Bundesbehörden eine Beschäftigungspflichtquote von mindestens 6 %, soweit die Voraussetzungen dafür nach § 241 I SGB IX erfüllt sind.

Für die Berechnung der Beschäftigungspflichtquote in konkreten Arbeitsplätzen gilt die folgende Formel:

„Anrechnungspflichtige Arbeitsplätze (§ 156 SGB IX) x Pflichtanzahl (§ 154 SGB IX) / 100"[142]

Wenn das Ergebnis eine Dezimalzahl ergibt, so wird generell ab der Nachkommastelle 5 auf die nächste volle ganze Zahl aufgerundet. Lediglich bei Betrieben, mit im Jahresdurchschnitt weniger als 60 Arbeitsplätzen wird auf die nächste volle ganze Zahl abgerundet, so § 157 II SGB IX.

Die Beschäftigungspflichtquote stellt nur eine Pflicht gegenüber dem Staat dar, weshalb sich für einzelne Bewerber kein Anspruch auf Einstellung in einen Betrieb allein aus dem Fakt ergibt, dass dieser die Beschäftigungspflichtquote noch nicht erfüllt.[143]

§ 155 I SGB IX fordert darüber hinaus, dass besondere Gruppen Schwerbehinderter zur Erfüllung der Beschäftigungspflichtquote eingesetzt werden sollen. Dies

---

[142] Besgen: Schwerbehindertenrecht, Rn. 17.
[143] Müller-Wenner/Winkler: SGB IX Teil 2, § 71 Rn. 12.

soll den Betroffenen den Eintritt in den Arbeitsmarkt erleichtern, die aufgrund ihrer Behinderung beim Zugang zum Arbeitsmarkt besondere Schwierigkeiten überwinden müssen.[144] Der Gesetzgeber hat allerdings keine Sanktionen an den Verstoß gegen diese Verpflichtung geknüpft. Vielmehr hat er für die Betroffenen bloß die höhere Förderbedürftigkeit festgeschrieben, weshalb die Beschäftigung besonderer Gruppen schwerbehinderter Menschen lediglich als Programm ohne Bindung wahrgenommen wird.[145]

Hinsichtlich der Entscheidung, welche der vorhandenen Arbeitsplätze der Arbeitgeber mit schwerbehinderten Beschäftigten besetzen möchte, hat er freie Wahl. Er hat lediglich darauf Rücksicht zu nehmen, dass in jeder Qualifikationsstufe ein entsprechender Arbeitsplatz vorgehalten wird.[146]

Sofern der Arbeitgeber seine Beschäftigungspflichtquote nicht erfüllt, hat er ersatzweise eine Ausgleichsabgabe an das Integrationsamt zu zahlen. Die Zahlung dieser Abgabe selbst entbindet den Arbeitgeber allerdings nicht von der Pflicht, die Beschäftigungsquote zu erfüllen – § 160 I 2 SGB IX. Ihre Höhe variiert abhängig von der Beschäftigungsquote und der Gesamtzahl der im Betrieb vorhandenen Arbeitsplätze zwischen 125,00 € und 320,00 € je unbesetztem Pflichtarbeitsplatz - § 160 II SGB IX.

5.1.2 Mehrarbeit

§ 207 SGB IX gewährt den Schwerbehinderten das Recht, sich von Mehrarbeit freistellen zu lassen. Dadurch sollen die von einer Schwerbehinderung betroffenen Arbeitnehmer vor einer Überlastung bewahrt werden.[147] Für die Freistellung haben sie lediglich ein entsprechendes (formfreies) Begehren an den Arbeitgeber zu richten. Mit dessen Zugang schuldet der schwerbehinderte Beschäftigte die Mehrarbeit nicht mehr.[148] Der Freistellungsantrag muss nicht begründet sein,[149]

---

[144] Feldes: Basiskommentar, § 155 Rn. 1.

[145] Feldes: Basiskommentar, § 155 Rn. 4.

[146] Müller-Wenner/Winkler: SGB IX Teil 2, § 71 Rn. 13.

[147] Rolfs, in Müller-Glöge/Preis/Schmidt: ErfK, SGB IX, § 207 Rn. 1.

[148] Knittel: SGB IX Kommentar, § 124 Rn. 41; Müller-Wenner/Winkler: SGB IX Teil 2, § 124 Rn. 7.

[149] Feldes: Basiskommentar, § 207 Rn. 1.

er muss aber erkennen lassen, dass er aufgrund einer vorliegenden Schwerbehinderung geltend gemacht wird.[150]

Fraglich ist allerdings, was unter Mehrarbeit zu verstehen ist, da diese nicht durch den Gesetzgeber definiert wurde.

Allgemein ist davon auszugehen, dass Mehrarbeit diejenige Arbeitszeit bezeichnet, die über die gesetzliche Arbeitszeit von acht Stunden pro Arbeitstag hinausgeht.[151] Daneben wird aber auch vertreten, dass nur die gesetzlich zulässige Höchstarbeitszeit von zehn Stunden pro Arbeitstag als Mehrarbeit abgelehnt werden kann.[152] Teilweise wird die Mehrarbeit aber auch weiter gefasst. Dann umfasst sie auch Überstunden, die über die täglich aus dem Arbeitsvertrag geschuldete Arbeitszeit hinausgeht.[153]

Bei Streitigkeiten über die Mehrarbeit ist das Arbeitsgericht klärende Einrichtung.[154]

5.1.3 Zusatzurlaub

Auch schwerbehinderten Arbeitnehmern steht nach § 1 BUrlG[155] ein jährlicher Anspruch auf bezahlten Erholungsurlaub zu. Dieser gesetzliche Mindesterholungsurlaub soll den Arbeitnehmern generell die Möglichkeit geben, sich selbstbestimmt zu erholen, ohne dass es hierfür eines konkreten Erholungsbedürfnisses bedarf.[156]

Neben diesem Erholungsurlaub für alle Beschäftigten, erhalten die Schwerbehinderten[157] noch einen Zusatzurlaub über § 208 SGB IX. Dieser ist ein Mindestzusatzurlaub.[158] Dieser beträgt bei einer 5-Tage-Woche fünf Arbeitstage pro Jahr und vermindert oder erhöht sich entsprechend bei einer Arbeitswoche mit weniger beziehungsweise mehr Arbeitstagen. In dem Jahr, in dem die Schwerbehinde-

---

150 Knittel: SGB IX Kommentar, § 124 Rn. 42.

151 Feldes, Basiskommentar, § 207 Rn. 3; Müller-Wenner/Winkler, SGB IX Teil 2, § 124 Rn. 4.

152 Besgen, Schwerbehindertenrecht, Rn. 42.

153 Knittel, SGB IX Kommentar, § 124 Rn. 20 f.

154 Knittel, SGB IX Kommentar, § 124 Rn. 44.

155 Bundesurlaubsgesetz vom 8. Januar 1963 (BGBl. I S. 2), zuletzt geändert durch Artikel 3 Absatz 3 des Gesetzes vom 20. April 2013 (BGBl. I S. 868).

156 Gallner, in Müller-Glöge/Preis/Schmidt, ErfK: BurlG, § 1 Rn. 4 f.

157 Nicht aber die ihnen gleichgestellten Beschäftigten.

158 Minninger: Rechte behinderter Menschen, Seite 75.

rung erstmals anerkannt wird, wird er anteilig gewährt, wobei für jeden vollen Monat des Beschäftigungsverhältnisses ein 1/12 des Gesamtanspruchs gewährt wird, so § 208 II SGB IX. Liegt die Schwerbehinderung allerdings in einem Jahr für mindestens sechs Monate vor, so entsteht hier der ungeminderte Zusatzurlaub für das gesamte Jahr.[159]

Ebenso wie der Erholungsurlaub nach Tarifvertrag oder BUrlG dient auch der Zusatzurlaub dem Zweck der Erholung. Schwerbehinderte Menschen erhalten diesen, da sie üblicherweise aufgrund der meist der Behinderung zugrunde liegenden gesundheitlichen Beeinträchtigungen einen erhöhten Erholungsbedarf haben.[160] Damit dieser Zweck verfolgt werden kann, ist der Zusatzurlaub ein zwingend zu nehmender Urlaub, auf den ein schwerbehinderter Beschäftigter weder verzichten, noch einer den er sich ausbezahlen lassen kann.[161]

Der Zusatzurlaub kann – ähnlich wie der Erholungsurlaub – durch Tarifvertrag, Betriebs- bzw. Dienstvereinbarung oder einzelvertragliche Regelung im Arbeitsvertrag auch höher ausfallen. Dies ergibt sich aus dem Günstigkeitsprinzip des Arbeitsrechts.[162]

Der Urlaubsanspruch selbst entsteht unmittelbar durch das Vorliegen der Schwerbehinderteneigenschaft, unabhängig davon, ob der Arbeitgeber von dieser weiß.[163] Der Zusatzurlaub muss daher entweder vom schwerbehinderten Beschäftigten beantragt oder verlangt werden, da der Arbeitgeber sonst nicht unbedingt etwas von der Schwerbehinderteneigenschaft wissen kann/muss. Nach dieser darf er regelmäßig aufgrund des AGG nicht fragen.[164]

5.1.4 Teilzeitanspruch

Für Schwerbehinderte gilt wie für alle anderen Arbeitnehmer auch der allgemeine Anspruch auf Teilzeitarbeit nach dem Teilzeitbefristungsgesetz[165]. Neben diesem wurde in § 164 V SGB IX noch ein weiterer Anspruch auf Reduzierung der

---

[159] Müller-Wenner/Winkler: SGB IX Teil 2, § 125 Rn. 7.

[160] Müller-Wenner/Winkler: SGB IX Teil 2, § 125 Rn. 2.

[161] Müller-Wenner/Winkler: SGB IX Teil 2, § 125 Rn. 23.

[162] Däubler: Arbeitsrecht, Ratgeber für Beruf, Praxis, Studium, Rn. 103.

[163] Minninger/Hinterholz/Westermann: Rechte behinderter Menschen, Seite 75.

[164] Däubler: Arbeitsrecht, Ratgeber für Beruf, Praxis, Studium, Rn. 450.

[165] Teilzeit- und Befristungsgesetz vom 21. Dezember 2000 (BGBl. I S. 1966), zuletzt geändert durch Artikel 23 des Gesetzes vom 20. Dezember 2011 (BGBl. I S. 2854).

Arbeitszeit normiert. Voraussetzung für diesen ist, dass einerseits der Anspruchsteller schwerbehindert ist und andererseits, dass er behinderungsbedingt die Arbeitszeit reduzieren muss.

Schwerbehinderte Beschäftigte sind häufig behinderungsbedingt nicht mehr in der Lage Vollzeit arbeiten zu können.[166] Dies fällt unter anderem dann schwer, wenn die Betroffenen extrem auf Stress reagieren, nicht mehr so konzentrationsfähig sind oder beispielsweise mit dem Sitzen oder Stehen Probleme haben.[167] Den Nachweis hierüber hat der Arbeitnehmer zu erbringen, was er regelmäßig durch ein ärztliches Attest erreichen dürfte.[168] Mit der Arbeitszeitreduzierung kann der schwerbehinderte Arbeitnehmer auch eine neue Verteilung der Arbeitszeit geltend machen.[169] Der Antrag hierzu ist form- und fristlos jederzeit möglich.[170]

Der Arbeitgeber kann dem Begehren allerdings die Unzumutbarkeit – soweit diese nicht mit der finanziellen Unterstützung durch das Integrationsamt überwunden werden kann[171] – entgegenhalten.

Da der Anspruch neben dem des TzBfG besteht, kann es nötig sein, bei der Antragstellung auf Reduzierung der Arbeitszeit hilfsweise die Voraussetzungen für beide Anspruchsgrundlagen zu prüfen.[172] Anders als die Reduzierung der Arbeitszeit nach § 8 TzBfG, kann die nach § 164 V SGB IX auch nur eine temporäre sein.[173]

---

[166] Müller-Wenner/Winkler: SGB IX Teil 2, § 81 Rn. 88.
[167] Feldes: Basiskommentar, § 164 Rn. 63.
[168] Feldes: Basiskommentar, § 164 Rn. 64.
[169] Knittel: SGB IX Kommentar, § 81 Rn. 316.
[170] Knittel: SGB IX Kommentar, § 81 Rn. 318; Müller-Wenner/Winkler: SGB IX Teil 2, § 81 Rn. 98.
[171] Besgen: Schwerbehindertenrecht, Rn. 56.
[172] Rolfs, in Müller-Glöge/Preis/Schmidt: ErfK, SGB IX, § 164 Rn. 18.
[173] Feldes: Basiskommentar, § 164 Rn. 60a.

5.1.5 Kündigungsschutz

Unbefristet geschlossene Arbeitsverhältnisse werden regelmäßig durch Kündigungen beendet.[174] Hierbei kommen nach § 1 II 1 KSchG[175] in Betracht die personen-, verhaltens- oder betriebsbedingte Kündigung. Diese drei sind ordentlich oder außerordentlich möglich.

Soll das Arbeitsverhältnis zu einem Schwerbehinderten gekündigt werden, so ist zur Wirksamkeit der Kündigung zuvor nach § 168 SGB IX die Zustimmung des Integrationsamtes erforderlich. Hierdurch ergibt sich ein besonderer Kündigungsschutz für die Schwerbehinderten,[176] durch den erreicht werden soll, dass Arbeitgeber nicht einfach ihre schwerbehinderten Beschäftigten entlassen, um sich der Pflichten aus der behindertengerechten Beschäftigung zu entziehen.[177]

Während der üblichen Probezeit von sechs Monaten ist allerdings immer eine Kündigung auch ohne die Zustimmung des Integrationsamtes erforderlich, so § 173 I Nr. 1 SGB IX.

Dieser Sonderkündigungsschutz führt zu dem Mythos der Unkündbarkeit von schwerbehinderten Beschäftigten, von dem immer wieder zu hören ist.[178]

Tatsächlich sind aber auch schwerbehinderte Arbeitnehmer kündbar. Das Integrationsamt stimmt daher auch zwischen 70 und 80 Prozent Ersuchen von Arbeitgebern auf Zustimmung zur Kündigung zu.[179] Die Zustimmung wird lediglich dann verweigert, wenn der Grund für die Kündigung in der Behinderung des zu kündigenden Arbeitnehmers zu suchen ist und statt der Kündigung als Ultima Ratio auch andere Maßnahmen in Betracht kommen, die für den Betroffenen weniger einschneidend sind als der Arbeitsplatzverlust.[180]

---

[174] Hirdina: Grundzüge des Arbeitsrechts, Seite 27.

[175] Kündigungsschutzgesetz vom 25. August 1969 (BGBl. I S. 1317), zuletzt geändert durch Art. 4 des Gesetzes vom 17. Juli 2017 (BGBl. I S. 2509).

[176] Däubler: Arbeitsrecht, Ratgeber für Beruf, Praxis und Studium, Rn. 1011.

[177] Rolfs, in Müller-Glöge/Preis/Schmidt: ErfK, SGB IX, § 168 Rn. 1.

[178] So zum Beispiel PNN: In 75 Prozent der Fälle stimmen wir der Kündigung zu.

[179] PNN: In 75 Prozent der Fälle stimmen wir der Kündigung zu.

[180] Feldes: Basiskommentar, § 168 Rn. 11 f.

Der Kündigungsschutz besteht auch dann, wenn der Arbeitgeber zum Zeitpunkt des Ausspruches der Kündigung nichts vom Vorliegen der Schwerbehinderteneigenschaft des Arbeitnehmers wusste.[181]

Neben dem Integrationsamt ist seit dem 01.01.2017 auch die Schwerbehindertenvertretung bei der Kündigung zu beteiligen.[182] Bis dahin war lediglich der (auch weiterhin anzuhörende) Betriebsrat nach § 102 BetrVG[183] zu beteiligen.

5.1.6 Weitere Rechte

Neben den zuvor dargestellten Rechten ist es nach § 164 I SGB IX notwendig, die Schwerbehindertenvertretung und auch den Schwerbehinderten selbst anzuhören, bevor durch den Arbeitgeber Entscheidungen getroffen werden können, wenn dieser die Beschäftigungsquote nicht erfüllt. Nach § 164 II SGB IX dürfen Schwerbehinderte gegenüber anderen Arbeitnehmern nicht benachteiligt werden. Außerdem hat der Arbeitgeber das Integrationsamt zu kontaktieren, um mit ihm über mögliche Maßnahmen zu diskutieren, die bei vorliegenden verhaltens-, personen- oder betriebsbedingten Schwierigkeiten mit dem Schwerbehinderten die Fortsetzung seines Beschäftigungsverhältnisses zu ermöglichen – so § 167 I SGB IX.

Neben den eben kurz erwähnten Schutzvorschriften finden sich im SGB IX noch viele weitere.

5.2 Weitere Rechtsgrundlagen

Zwar finden sich die meisten Schutzvorschriften für schwerbehinderte Beschäftigte im dritten Teil des SGB IX. Dennoch gibt es aber auch in anderen Gesetzen Vorschriften, die sich um den Schutz von Behinderten sorgen. Da dies auch immer die Schwerbehinderten mit umfasst, werden nachfolgend die wichtigsten davon dargestellt.

---

[181] In diesem Fall hat der betroffene Arbeitnehmer formfrei unverzüglich dem Arbeitgeber gegenüber mitzuteilen, dass er schwerbehindert ist oder einen Antrag auf Feststellung der Schwerbehinderteneigenschaft gestellt hat (So zum Beispiel Rolfs, in Müller-Glöge/Preis/Schmidt: ErfK, SGB IX, § 168 Rn. 6f.).

[182] Besgen: Schwerbehindertenrecht, Rn. 71.

[183] Betriebsverfassungsgesetz vom 25. September 2001 (BGBl. I S. 2518), zuletzt geändert durch Artikel 6 des Gesetzes vom 17. Juli 2017 (BGBl. I S. 2509).

5.2.1 AGG

Im AGG werden 4 EU-Richtlinien umgesetzt, durch die die Diskriminierung aufgrund pönalisierter Merkmale in unterschiedlichen Bereichen, so auch der Arbeit, verhindert werden soll.[184]

Unter diesen Merkmalen befindet sich auch das der Behinderung (§ 1 AGG). Daher ist jede Diskriminierung, das heißt unmittelbare Benachteiligung, aufgrund dieser Eigenschaft verboten (§ 3 I AGG). Ebenso gilt, dass auch mittelbare Benachteiligungen verboten sind (§ 3 II AGG). Letztere liegen dann vor, wenn vermeintlich neutrale Regelungen verabschiedet werden, die nicht direkt an ein verbotenes Merkmal anknüpfen, allerdings eine Personengruppe, die durch ein solches Merkmal identifizierbar ist, deutlich häufiger betreffen, als eine andere Gruppe.[185]

Durch das Diskriminierungsverbot werden neben den Schwerbehinderten auch sämtliche „Einfachbehinderte" vor unzulässiger Schlechterbehandlung geschützt.

5.2.2 Direktionsrecht nach § 106 GewO

Das in § 106 GewO[186] normierte Direktionsrecht gewährt dem Arbeitgeber grundsätzlich die Chance, seinen Arbeitnehmern gegenüber anzuweisen, welche Arbeit sie wann und wo zu leisten haben. Dies gilt so lange, wie kein höherrangiges Recht dem entgegensteht.

Die Ausübung durch den Arbeitgeber hat allerdings unter Beachtung des billigen Ermessens zu erfolgen. Dies führt dazu, dass der Arbeitgeber neben seinen eigenen Interessen auch die des Arbeitnehmers zu berücksichtigen hat.[187] Das Direktionsrecht ist untrennbar mit dem Arbeitsverhältnis verbunden und kennzeichnet dieses.[188] Indem der Arbeitgeber dieses Recht wahrnimmt, konkretisiert er dadurch die Pflichten des Beschäftigten aus seinem Anstellungsverhältnis.[189]

Dieses allgemeine Direktionsrecht wird nach § 106 Satz 3 GewO für gegenüber den behinderten Arbeitnehmern dahingehend eingeschränkt, dass der Arbeitge-

---

184 Schlachter, in Müller-Glöge/Preis/Schmidt: ErfK, AGG, Vorbemerkung Rn. 1.

185 Knittel: SGB IX Kommentar, AGG, § 1 Rn. 26.

186 Gewerbeordnung vom 22. Februar 1999 (BGBl. I S. 202), die zuletzt geändert durch Artikel 1 des Gesetzes vom 17. Oktober 2017 (BGBl. I S. 3562).

187 BAG: Urteil v. 23.6.1993, 5 AZR 337/92.

188 Laber, in: Groeger et al: Arbeitsrecht im öffentlichen Dienst, 3 D Direktionsrecht, Rn. 1.

189 Laber, in: Groeger et al: Arbeitsrecht im öffentlichen Dienst, 3 D Direktionsrecht, Rn. 4.

ber bei der Ausübung seines Ermessens auf Behinderungen der Arbeitnehmer Rücksicht zu nehmen hat. Welches Ziel der Gesetzgeber mit dieser Norm verfolgt, beziehungsweise wie genau der Arbeitgeber bei der Ausübung des Direktionsrechts nach eigenem Ermessen Rücksicht nehmen kann und soll, geht aus der Vorschrift allerdings nicht hervor.[190] Da das Gesetz – anders als der dritte Teil des SGB IX – nicht von einer Schwerbehinderung spricht, ist nicht zwingend erforderlich, dass eine solche nach dem SGB IX zuerkannt wurde. Eine „einfache" Behinderung reicht daher völlig aus, um dem Arbeitgeber bei der Ausübung des Direktionsrechts die Pflicht zur Rücksichtnahme auf diese aufzuerlegen. Er hat daher bei der Interessensabwägung im Rahmen der Ausübung des billigen Ermessens auch die Behinderung zugunsten des Arbeitnehmers zu berücksichtigen.[191] Teilweise wird hieraus die Verpflichtung des Arbeitgebers auf Zuweisung eines leidensgerechten Arbeitsplatzes abgeleitet, soweit der bisherige aus gesundheitlichen Gründen nicht mehr ausgeübt werden kann.[192]

5.2.3 Art. 3 GG

Die Grundrechte binden gemäß Art. 1 III GG unmittelbar nur die Staatsgewalt, da sie eigentlich als Abwehrrechte des Einzelnen gegenüber dem Staat gedacht sind.[193]

Die Grundrechte gelten bedingt allerdings auch im Arbeitsrecht,[194] weshalb sie durch die Arbeitgeber ebenfalls zu beachten sind.

Dies gilt auch für den Art. 3 GG. Dort ist im Satz 2 des dritten Absatzes eine Benachteiligung aufgrund der Behinderung untersagt. Eine Bevorzugung hingegen ist nicht ausgeschlossen.[195] Ziel dieser Norm ist es, die Staatsgewalt dazu zu bringen, den Behinderten eine Teilnahme am gesellschaftlichen Leben zu ermöglichen.[196] Gleichzeitig gebietet er aber auch den Arbeitgebern, dass sie ihre behin-

---

190 Preis, in Müller-Glöge/Preis/Schmidt: ErfK, GewO, § 106 Rn. 34.

191 Preis, in Müller-Glöge/Preis/Schmidt: ErfK, GewO, § 106 Rn. 34.

192 Kolbe, in Dornbusch/Fischermeier: AR Kommentar zum gesamten Arbeitsrecht, GewO, § 106 Rn. 59.

193 Arndt/Fetzer: Öffentliches Recht, Rn. 361.

194 Däubler: Arbeitsrecht, Ratgeber für Beruf, Praxis und Studium, Rn. 675.

195 Dies ergibt sich durch Auslegung, da diese in Art. 3 III 2 GG anders als in Art. 3 III 1 GG nicht explizit ausgeschlossen wurde.

196 Jarass/Pieroth: GG Kommentar, Art. 3 Rn. 142.

derten Beschäftigten zu behandeln haben wie die nicht behinderten Mitarbeiter, soweit nicht ein sachlicher Grund eine andere Behandlung rechtfertigt.

5.2.4 Sonstige

Neben den ausführlicher dargestellten Rechten können Schwerbehinderte nach § 37 SGB VI[197] auch zwei Jahre vor Erreichen der Altersgrenze in die Altersrente gehen.

Auch außerhalb des Arbeitslebens gibt es noch weitere Schutzrechte, wie etwa steuerliche Vergünstigungen.[198] Auf diese wird im Rahmen dieser Arbeit aber nicht eingegangen.

5.2.5 Inklusionsvereinbarung

Die Inklusionsvereinbarung (zuvor Integrationsvereinbarung) kann nach § 166 I SGB IX zwischen dem Arbeitgeber, dem Betriebsrat, der Schwerbehindertenvertretung und dem Inklusionsbeauftragten geschlossen werden. Das Integrationsamt kann die Beratungen und Verhandlungen begleiten und unterstützen.

Nach § 166 II SGB IX soll in ihr geregelt werden, wie schwerbehinderte Menschen in den Betrieb eingegliedert werden können und wie deren Personalplanung, Arbeitsplatzgestaltung, Gestaltung des Arbeitsumfeldes, der –organisation und -zeit gestaltet werden.

Der Arbeitgeber ist nicht verpflichtet, eine Inklusionsvereinbarung abzuschließen, muss aber zumindest Verhandlungen hierüber aufnehmen.[199]

5.2.6 Betriebs-/Dienstvereinbarungen

Eine Betriebsvereinbarung als Recht des Betriebs wird zwischen dem Arbeitgeber und dem Betriebsrat geschlossen. Solche sind in personellen, wirtschaftlichen und sozialen Angelegenheiten möglich. Darüber hinaus können auch freiwillige Betriebsvereinbarungen geschlossen werden. Nach § 88 Nr. 5 BetrVG können als insbesondere solche Betriebsvereinbarungen geschlossen werden, die sich um die Eingliederung schwerbehinderter Menschen bemühen.

---

[197] Sechstes Buch Sozialgesetzbuch vom 19. Februar 2002 (BGBl. I S. 754, 1404, 3384), zuletzt geändert durch Artikel 1 des Gesetzes vom 17. Juli 2017 (BGBl. I S. 2575).

[198] Familienratgeber: Steuerfreibeträge.

[199] Besgen: Schwerbehindertenrecht, Rn. 187; Feldes: Basiskommentar, § 166 Rn. 20.

In den Dienststellen des öffentlichen Dienstes heißen die Betriebsvereinbarungen Dienstvereinbarungen.

6 Bewertung des Rechts auf behindertengerechte Beschäftigung (und der sonstigen Rechte) aus Sicht der Arbeitnehmer

6.1 Vorteile

Das zuvor dargestellte Recht auf behindertengerechte Beschäftigung bietet für die betroffenen Arbeitnehmer einige Vorteile. Einige davon werden nachfolgend exemplarisch dargestellt.

6.1.1 Integration in den Arbeitsmarkt

Ziel der Ansprüche auf behindertengerechte Beschäftigung ist es, die auf einem regulären (nicht entsprechend der Behinderung angepassten) Arbeitsplatz nicht einsetzbaren schwerbehinderten Mitarbeiter auf richtigen Arbeitsplätzen (statt etwa in einer Werkstatt für Behinderte)[200] einsetzen zu können.

Durch die sich aus dem SGB IX ergebenen Maßnahmen können auch solche Schwerbehinderte, die auf den ersten Blick vermeintlich leistungsunfähig erscheinen, einer Erwerbstätigkeit nachgehen.[201]

Werden die Rechte der schwerbehinderten Beschäftigten umgesetzt, so können diese hierdurch in den Arbeitsmarkt integriert werden. Auf diesem Weg kann das Ziel der Inklusion und Teilhabe im gesellschaftlichen und dem Arbeitsleben erreicht werden.

6.1.2 Erhalt und Ausbau der Leistungsfähigkeit

Häufig wird den Menschen mit einer Schwerbehinderung unterstellt, sie seien weniger Leistungsfähig als andere.[202] Dies stimmt teilweise dann, wenn den betroffenen Beschäftigten nicht die Chance auf eine behindertengerechte Beschäftigung gewährt wird.[203]

---

[200] ZB Info 4 2017: Aufgaben der Integrationsämter 2016|2017, Seite 2.

[201] Zentrum Bayern Familie und Soziales: Arbeitgeber-Schnellinfo, Wer hilft, wenn ein schwerbehinderter Mensch nicht mehr voll einsatzfähig ist?.

[202] Dies wurde bereits in Kapitel 3.2.1 dargestellt.

[203] ZB Spezial: Behinderte Menschen im Arbeitsleben, Seite 32.

Genau hier setzen dann aber die Ansprüche der Schwerbehinderten auf behindertengerechte Beschäftigung ein.[204] Dadurch, dass der von Schwerbehinderung betroffene Arbeitnehmer aus diesen das Recht auf:

- Beschäftigung unter (möglichst) voller Verwertung seiner Fähigkeiten und Kenntnisse,

- bevorzugte Zulassung zu innerbetrieblichen Maßnahmen der beruflichen Bildung,

- erleichterten Zugang zu außerbetrieblichen Maßnahmen der beruflichen Bildung,

- behinderungsgerechte Einrichtung der Arbeitsstätte sowie

- Ausstattung des Arbeitsplatzes mit den notwendigen technischen Hilfsmitteln

geltend machen kann, hat er die Chance, darauf Einfluss zu nehmen, dass der Arbeitsplatz so ausgestaltet und er selbst so entwickelt wird, dass er möglichst langfristig seine Arbeit verrichten kann.

Insbesondere durch die Bildungsmaßnahmen ergeben sich auch Möglichkeiten für den Betroffenen, seine Leistungsfähigkeit auszubauen, indem neue Kompetenzen erworben werden. Zwar kann dennoch nicht ausgeschlossen werden, dass einmal ein schwerbehinderter Arbeitnehmer behinderungsbedingt weniger leistungsfähig wird. Gerade hier können dann aber durch Umorganisation der Arbeitsabläufe oder durch den Einsatz von weiteren technischen Hilfsmitteln dann auch wieder die bisherige Leistungsfähigkeit erhalten werden.

Mithin führt also gerade die behindertengerechte Beschäftigung überhaupt erst dazu, dass ein Schwerbehinderter – bei Verschlechterung seiner Leistungsfähigkeit aufgrund der Behinderung – weiter seine Leistung erbringen kann, wenn auch unter Umständen in einem anderen Bereich.

---

[204] Diese wurden dargestellt in den Unterkapiteln 4.1.1 – 4.1.5.

6.1.3 Steigerung Selbstwertgefühl und Unabhängigkeit

Gerade durch das Betroffensein von einer Behinderung plagen sich viele Schwerbehinderte mit Selbstzweifeln.[205] Werden Arbeitnehmer mit einer sinnvollen Aufgabe betraut, die sie trotz ihrer Einschränkungen ausüben können, kann sich hierdurch das Selbstbewusstsein verbessern.[206] Gerade bei einer bloßen Beschäftigung in Werkstätten für Behinderte ist dies aber häufig nicht der Fall.[207] Insbesondere deshalb ist es für die Schwerbehinderten im erwerbsfähigen Alter so wichtig, sich auf einer regulären Arbeitsstelle zu beweisen. So können sie sich und der Gesellschaft zeigen, dass sie unabhängig und selbstbestimmt leben und arbeiten können und eben gerade nicht nur auf Therapieplätzen oder in Werkstätten „beschäftigt" werden.

6.1.4 Geringere Sozialleistungen notwendig

Bezüglich der Sozialleistungen ist zunächst zu unterscheiden, welcher Art diese sind. Schwerbehinderte erhalten unter Umständen Sozialleistungen, die zur Finanzierung des Lebensunterhalts notwendig sind, aber daneben gegebenenfalls auch solche, die für ihre Integration in den Arbeitsmarkt notwendig sind.[208]

Letztere fallen gerade erst dadurch an, dass ein Mensch mit Schwerbehinderung arbeitet und hierbei durch die entsprechenden Behörden und Stellen (finanziell) unterstützt wird. Diese Leistungen steigen ihrer Höhe nach also durch die Arbeit gerade erst an.

Der Vorteil, dass von Behinderung betroffene Menschen durch eigene Arbeit weniger auf Sozialleistungen angewiesen sind, bezieht sich daher ausschließlich auf diejenigen Sozialleistungen wie Arbeitslosengeld II oder andere Substitute für ein ausreichendes Arbeitseinkommen.

Können Schwerbehinderte dadurch einer regulären Tätigkeit am Arbeitsmarkt nachgehen, dass in den Betrieben ihrer Arbeitgeber ein Arbeitsplatz behindertengerecht ausgestaltet wird, so steigt das Haushaltseinkommen der Betroffenen (ohne Sozialleistungen). Für sie wäre daher auf diesem Weg möglich, ihren Lebensunterhalt zu einem größeren Anteil, wenn nicht gar vollständig, aus eigener

---

[205] MyHandicap: Den Selbstwert erhalten trotz Behinderung.
[206] das Allgäu online: Selbstwertgefühl mit Arbeit steigern.
[207] taz: Beim Arbeitsmarkt soll Schluss sein?.
[208] BMAS: Teilhabe behinderter Menschen - Leistungen nach SGB IX.

Kraft zu bestreiten. Dadurch würden die betroffen Schwerbehinderten auch nicht mehr der Bürokratie der Sozialhilfeträger ausgesetzt sein und wären darüber hinaus in der Lage unter Umständen auch ein eigenes Vermögen zu bilden. Letzteres ist bisher schwierig, da im Sozialrecht regelmäßig vor staatlichen Leistungen das eigene Einkommen/Vermögen zu verwerten ist (Freibeträge ausgenommen).[209] Dies gilt allerdings nur, soweit sie nicht durch ihre Arbeit auf Arbeitsassistenzen oder andere Leistungen angewiesen sind, die sie selbst zu bezahlen haben (sofern möglich). Andernfalls werden sie sich kaum einen (auch nur einen geringen) Wohlstand erarbeiten können.[210]

6.2 Nachteile

Der Anspruch auf behindertengerechte Beschäftigung – wie auch die weiteren Rechte der Schwerbehinderten – stellt allerdings für die Betroffenen mitunter auch einmal ein Risiko dar. Daher werden nachfolgend einige Nachteile vorgestellt, die sich aus diesen Rechten ergeben.

6.2.1 Einstellungshemmnis

Nicht wenige Schwerbehinderte verschweigen ihre Beeinträchtigung gegenüber ihrem Arbeitgeber, weil sie fürchten, andernfalls durch diesen Nachteilen ausgesetzt zu werden.[211] Fraglich ist, ob diese Ängste begründet sind.

Tatsächlich lässt sich beobachten, dass Behinderte seltener eingestellt werden als Menschen ohne eine Behinderung.[212] Dies geht einerseits auf Vorurteile wie häufigere krankheitsbedingte Fehlzeiten oder auch geringere Leistungsfähigkeit zurück. Andererseits gibt es aber auch Arbeitgeber, die vor den Rechten der Schwerbehinderten – unter anderem aus dem SGB IX – zurück schrecken.[213] So fürchten beispielsweise Arbeitgeber, einen Schwerbehinderten nicht mehr freisetzen zu können, wenn sie ihn erst einmal eingestellt haben.[214] Ein weiterer Grund für das Einstellungshemmnis könnte auch darin begründet liegen, dass bei den Arbeitgebern das Know-How über den Umgang mit und die Rechte der

---

[209] BMAS: Sozialhilfe.

[210] Zeit: Arbeit muss sich auch für behinderte Menschen lohnen.

[211] DGB: Job und Behinderung: Ab wann gelte ich als schwerbehindert?.

[212] WiWo: Bewerber mit Handicap haben schlechte Karten.

[213] BIH: Was sagen Arbeitgeber?.

[214] Anwaltskanzlei Potratz: Einstellung schwerbehinderter Arbeitnehmer – Chance oder Risiko?.

Schwerbehinderten fehlt. Dies ist gerade in klein- und mittelständigen Unternehmen ein Problem.[215] Wissen Arbeitgeber potenziell nicht, worauf sie sich einlassen, meiden sie lieber die Einstellung und Beschäftigung von Schwerbehinderten.

6.2.2 Spannungen wegen vermeintlicher Bevorteilung

In vielen Stellenausschreibungen (insbesondere denen des öffentlichen Dienstes) wird bereits darauf hingewiesen, dass Schwerbehinderte bei ansonsten im Wesentlichen gleicher Eignung bevorzugt eingestellt werden.[216] Erleben Mitarbeiter, die schon länger im Betrieb sind, dass in Folge solcher Stellenausschreibungen ein neuer Kollege eingestellt wird, der unter einer Schwerbehinderung leidet, kann der Eindruck entstehen, dass er alleine deswegen ausgewählt wurde. Erleben nun die Kollegen, dass dieser Mitarbeiter (gemäß der Rechte aus § 164 IV 1 Nr. 2 und 3 SGB IX) bei Maßnahmen der beruflichen Bildung bevorzugt und unterstützt wird, während nicht behinderte Kollegen hierauf vergeblich warten, kann der Eindruck entstehen, dass Schwerbehinderte im Arbeitsleben bevorzugt und besonders geschützt werden.

Werden die Gründe hierfür nicht offengelegt und ausreichend erklärt, kann sich das Betriebsklima gegenüber dem behinderten Beschäftigten deutlich abkühlen.

Es sollte daher darauf geachtet werden, dass nicht der Eindruck entsteht, dass Arbeitnehmer mit einer Schwerbehinderung nur allein aufgrund dieser sachgrundlos immer bevorzugt werden.

6.2.3 Aufklärungsarbeit gegenüber Arbeitgeber notwendig

Ein weiterer Nachteil für Menschen mit einer Schwerbehinderung ist, dass sie häufig Aufklärungsarbeit leisten müssen.

Dies ist einerseits notwendig, da es so viele unterschiedliche Gründe für Schwerbehinderungen gibt,[217] dass viele Diagnosen den Arbeitgebern erst einmal überhaupt nichts sagen. Durch diese Unkenntnis neigen diese dann zunächst lieber zur Vorsicht und Zurückhaltung (insbesondere im Falle einer Einstellung),[218] da

---

215 FAZ: Warum Arbeitgeber sich von der Behinderten-Quote freikaufen.

216 dasGleichstellungsWissen: Stellenausschreibungen und das Allgemeine Gleichbehandlungsgesetz (AGG)-eine Checkliste anhand aktueller Rechtsprechung.

217 Vgl. dazu Unterkapitel 2.1.1.

218 WiWo: Bewerber mit Handicap haben schlechte Karten.

sie nicht abschätzen können, welche Belastung möglicherweise auf ihren Betrieb zukommt, wenn ein Betroffener dort beschäftigt wird.

Andererseits müssen auch viele Barrieren in den Köpfen der Personalverantwortlichen aufgebohrt werden, wenn es darum geht, diesen zu vermitteln, dass viele Vorurteile gegenüber Schwerbehinderten unbegründet sind.[219]

Auch mögliche Beratungs- und Unterstützungsangebote – beispielsweise durch die Integrationsämter/-fachdienste oder die Bundesagenturen für Arbeit – kennen manche Arbeitgeber nicht,[220] weshalb Schwerbehinderte selbst erst auf diese hinweisen und sie gegebenenfalls erläutern müssen.

Ebenso kommt es vor, dass die Arbeitgeber nicht wissen, wie genau eigentlich eine behindertengerechte Beschäftigung auszusehen hat und wie diese umgesetzt und erreicht werden kann.[221]

Diese Aufklärungsarbeit stellt eine Zusatzbelastung dar, die sich für Menschen ohne Behinderung so nicht ergibt. Daher ist auch sie ein Nachteil, der sich zum Teil auch aus den Schutzrechten zugunsten der Schwerbehinderten ergibt.

---

[219] Zeit: Die Barriere in unseren Köpfen.
[220] ZB Zeitschrift 03_2012: Behinderte Menschen im Beruf, Seite 11.
[221] ZB Bayern 02.2013: Seite 1.

7 Bewertung des Rechts auf behindertengerechte Beschäftigung (und der sonstigen Rechte) aus Sicht der Arbeitgeber

7.1 Vorteile

Da sich die Rechte der Schwerbehinderten im Arbeitsrecht nicht nur auf die Arbeitnehmer, sondern vielmehr auch auf deren Arbeitgeber auswirken, sollen nachfolgend auch für diese einige Vorteile dargestellt werden.

7.1.1 Geringeres Risiko der Betroffenheit von Fachkräftemangel

Durch den demographischen Wandel in Deutschland zeichnet sich seit Jahren ein zunehmender Fachkräftemangel ab.[222] Ein Zeichen für dessen Existenz und Ausbreitung ist dabei die seit Jahren rückläufige Arbeitslosenquote.[223] Aufgrund des Fachkräftemangels am deutschen Arbeitsmarkt haben immer mehr Unternehmen und Betriebe Probleme damit, ihre offenen Stellen zu besetzen, weil es in manchen Branchen kaum noch genug geeignete Bewerber für die vorhandenen offenen Stellen gibt.[224] Bis 2030 wird sogar ein Arbeitskräftemangel von ca. 3,3 Millionen Arbeitnehmern prognostiziert.[225]

Zeitgleich scheuen allerdings noch immer genügend Arbeitgeber davor zurück, Menschen mit Behinderung einzustellen.[226] unmittelbar hierdurch geht ein nicht unerhebliches Potenzial an möglichen Arbeits- und Fachkräften verloren.[227] Würden sich insbesondere auch die klein- und mittelständischen Unternehmen trauen, mehr schwerbehinderte Menschen zu beschäftigen,[228] würden sie vom Fachkräftemangel weniger betroffen sein beziehungsweise werden.[229] Dieser Schluss

---

[222] Focus: 15 Millionen Arbeitskräfte zu wenig! Deutschland altert zu schnell.

[223] Tagesspiegel: Arbeitslosenzahl wird 2018 weiter sinken.

[224] BR24: Kaum Bewerber für Stellen in der Altenpflege; Piesold: Kommunales Beteiligungsmanagement und –controlling, Seite 23.

[225] Zeit: Bis 2030 fehlen 3 Millionen Fachkräfte.

[226] WiWo: Bewerber mit Handicap haben schlechte Karten.

[227] Deutsche Handwerkszeitung: Inklusion: Viele Unternehmen drücken sich.

[228] FAZ: Große Unternehmen beschäftigen mehr Behinderte.

[229] Arbeitsschutz-Portal: Menschen mit Behinderung einstellen; Bundesagentur für Arbeit: Menschen mit Behinderung im Beruf, Seite 2.

setzt allerdings voraus, dass die Arbeitgeber auch ihre Verpflichtungen gegenüber den Schwerbehinderten einhalten.

Wenn sie nämlich diese Mitarbeiter, wie in § 164 IV 1 Nr. 2 und 3 SGB IX, sowohl durch inner- als auch außerbetriebliche Maßnahmen der beruflichen Bildung fördern und entwickeln, können diese als top qualifizierte Fachkräfte die Leistungen erbringen und Arbeiten verrichten, die für das konkrete Unternehmen notwendig sind.

Die Praxis sieht derzeit jedoch nicht danach aus. So gibt es in Deutschland insbesondere im Bereich der klein- und mittelständischen Unternehmen sehr viele Betriebe, die nur Mitarbeiter ohne Behinderung beschäftigen. Im Jahr 2015 waren das ganze 37.000 Arbeitgeber.[230]

Auch eine Gefahr des Abwanderns dieser Arbeitskräfte nach Abschluss der Qualifizierungsmaßnahmen ist – wenngleich nicht gänzlich auszuschließen – überschaubar, da besonders die schwerbehindertenbeschäftigten gegenüber ihren Arbeitgebern äußerst loyal sind und sich daher auch gerne langfristig an diesen binden.[231]

7.1.2 Mitarbeiterbindung/Motivation

Unter dem Begriff der Mitarbeiterbindung versteht man die Bereitschaft und den Willen eines Beschäftigten, langfristig für den Arbeitgeber tätig zu sein. Diese Bereitschaft wird durch einen psychologischen Vertrag teilweise als Pflicht für den Beschäftigten wahrgenommen, da der Arbeitgeber die Erwartung hegt, dass der Mitarbeiter im Betrieb bleibt, wenn die ihm gegenüber zu erfüllenden Ansprüche und zu berücksichtigenden Rechte be- und geachtet werden.[232]

Die Motivation bezeichnet die aktivierte Verhaltensbereitschaft, die durch ein Motiv (= einen Wunsch oder ein Bedürfnis) geweckt wird.[233] Sie tritt regelmäßig in einem Verhalten (= einer Aktionshandlung oder einer Inaktivität) auf[234] und

---

[230] Morgenpost: Firmen stellen mehr Behinderte ein.
[231] WAZ: Schwerbehinderte sind sehr loyal und motiviert.
[232] Scholz: Personalmanagement, Seite 1194.
[233] Olfert: Personalwirtschaft, Seite 254.
[234] Walbrühl: Wirtschaftspsychologie, Seite 127.

ergibt sich aus dem Zusammenspiel der jeweils betroffenen Person mit einer konkreten Situation.[235]

Die Mitarbeiterbindung an den Arbeitgeber und die Motivation der Beschäftigten während und für die Arbeit, hängt von verschiedenen Faktoren ab.

Ein wesentlicher Faktor beispielsweise ist, dass die Arbeit in einer Art und Weise, die dem Menschen gerecht wird und angemessen ist, organisiert wird. Hierbei bezieht sich der Oberbegriff Arbeit auf die eigentlichen Arbeitsinhalte – die wiederum unmittelbar die Motivation beeinflussen – sowie auf die Arbeitsumgebung (räumlich und hinsichtlich der Ausstattung) und auch den Arbeitsplatz für die konkret zu erledigende Aufgabe.[236]

Schwerbehinderte Beschäftigte zeigen bei der Arbeit häufig eine überdurchschnittlich hohe Motivation.[237] Dies resultiert daraus, dass sie die Arbeitsstelle, auf der sie sitzen, als Chance begreifen, sich selbst zu beweisen und in den Arbeitsmarkt zu integrieren.[238]

Dadurch, dass die schwerbehinderten Menschen allgemein bereits sehr darum bemüht sind, auf der Arbeit alles zu geben, um den Arbeitgeber von sich zu überzeugen, haben diese die Chance, die Mitarbeiter mit einer Schwerbehinderung langfristig engagiert an sich zu binden, wenn sie ihnen die Beschäftigung behindertengerecht gestalten.

Dies gilt vor allem dann, wenn nach § 164 IV 1 Nr. 1 SGB IX die Schwerbehinderten so beschäftigt werden, dass sie möglichst vollständig ihre Kenntnisse und Fähigkeiten auf der Arbeit einbringen und eben gerade nicht nur auf einen Schonarbeitsplatz abgeschoben werden.

7.1.3 Imageverbesserung als sozialer Arbeitgeber

Image ist die Bezeichnung dafür, wie ein Unternehmen – aufgrund seiner Selbstdarstellung und seiner Handlungen – durch die Öffentlichkeit wahrgenommen und von ihr betrachtet wird.[239]

---

235 Rosenstiel/Nerdinger: Grundlagen der Organisationspsychologie, Seite 238.

236 Springer Gabler: Wirtschaftslexikon, Personalwirtschaft, Ziffer III. 4. Aufgabengestaltung.

237 Minninger/Hinterholz/Westermann: Rechte behinderter Menschen, Seite 63.

238 Business-Wissen: Behinderte Mitarbeiter einstellen, die Vorteile für Arbeitgeber.

239 Onpulson: Image.

Ein positives Image ist für Unternehmen wichtig. Einerseits wirkt es sich darauf aus, welche potenziellen Arbeitnehmer sich überhaupt erst bei ihm bewerben. In Deutschland beispielsweise ist für 21 % der Arbeitnehmer das Image des Unternehmens mitentscheidend bei der Beantwortung der Frage, ob das Unternehmen als eigener potenzieller Arbeitgeber in Betracht kommt.[240] Andererseits stellen heute aber auch viele Kunden an das Image – und damit auch an das Sozialverhalten – eines Unternehmens immer höhere Ansprüche, bevor sie dieses durch ihr Konsumverhalten unterstützen.[241]

§ 154 SGB IX schreibt den Arbeitgebern ab einer Anzahl von mindestens 20 durchschnittlichen im Betrieb vorhanden Arbeitsplätzen eine zu erfüllende Beschäftigungsquote an schwerbehinderten Arbeitnehmern vor.

Wenn Arbeitgeber nun dazu übergehen, diese Quote freiwillig über zu erfüllen, können sie mit einem Image als sozialer Arbeitgeber oder als Arbeitgeber mit sozialer und gesellschaftlicher Verantwortung werben und sich dadurch unter Umständen auch von ihrer Konkurrenz abgrenzen.

Ein solches Image könnte noch dadurch verstärkt werden, beispielsweise bestimmte Gruppen von Behinderten, die im Arbeitsleben besonders schwer durch ihre Behinderung getroffen werden, besonders gesucht oder gefördert werden. Hier kämen die in § 155 I SGB IX genannten Personengruppen in Betracht.

SAP beispielsweise stellte in den letzten Jahren vermehrt Autisten ein. Diese sind zwar überproportional häufig nicht erwerbstätig, weil sie regelmäßig im sozialen Miteinander scheitern, bringen allerdings für das Unternehmen SAP überdurchschnittlich oft notwendige Fähigkeiten mit. Deshalb nutzt das Unternehmen gezielt deren Stärken und integriert sie in den Arbeitsmarkt, indem sie diesen Beschäftigten entsprechende Integrationskräfte an die Seite stellen.[242]

---

[240] Manpowergroup Solutions: Was Bewerber wirklich wollen: Machtwechsel im Bewerberprozess, Seite 5.

[241] Splendid Research: CSR.

[242] Süddeutsche Zeitung: Total logisch.

7.1.4 Verbessertes Betriebsklima

Unter dem Betriebsklima wird allgemein verstanden, wie die einzelnen Individuen im Betrieb das zwischenmenschliche Miteinander und das Kommunikationsverhalten wahrnehmen.[243] Von ihm hängt sehr stark ab, wie wohl sich die Arbeitnehmer im Betrieb während der Arbeitserbringung fühlen.

Dieses Erleben wird durch Kollegen mit einer Behinderung bereichert, da diese auf der einen Seite die Diversität im Betrieb erhöhen, und andererseits aufgrund ihrer Handicaps und Einschränkungen häufig auch neue Impulse, Kreativität oder Denkstrukturen mit einbringen.[244]

Gerade auch das Anderssein macht die gegenseitige Rücksichtnahme erforderlich.

Durch deren Einübung sowie durch die Toleranz und Akzeptanz des Andersseins kann das Klima im Betrieb weiter verbessert werden.[245]

7.2 Nachteile

Neben den eben dargestellten Vorteilen für die Arbeitgeber ergeben sich aus der Beschäftigung von Schwerbehinderten (insbesondere auch durch deren vielfältige Ansprüche und Schutzrechte im Arbeitsleben) auch einzelne Nachteile. Nachfolgend werden einige davon dargestellt.

7.2.1 Diskriminierung durch unbeabsichtigte Verstöße gegen (nicht gekannte) Vorschriften

Wie bereits in anderem Zusammenhang dargestellt wurde,[246] ist das Schwerbehindertenarbeitsrecht relativ komplex und in seinen Details häufig schwer zu überblicken. Es ist daher nicht gänzlich auszuschließen, dass ein Arbeitgeber unbeabsichtigt und unwissentlich gegen Rechte seiner schwerbehinderten Beschäftigten verstößt, da er diese einfach nicht kannte oder sie im Einzelfall einfach übersehen hat.

---

243 Springer Gabler: Wirtschaftslexikon, Betriebsklima.
244 Behinderung: Beschäftigung von Menschen mit Behinderung – Vorteile für das Arbeitsleben.
245 Karrierebibel: Rücksichtnahme: Ihre Rechte und Pflichten.
246 Ort: Vermeidung einer Diskriminierung behinderter Arbeitnehmer insbesondere im Rahmen des Einstellungsverfahrens des öffentlichen Dienstes – Eine Darstellung der Rechtslage und kritische Analyse, Kapitel 7.1.

Die Rechte aus dem SGB IX betreffen die Maßnahmen bei der Durchführung von Beschäftigungsverhältnissen nach § 2 I Nr. 2 AGG. Verstöße (auch) gegen diese Rechte können daher eine Diskriminierung nach § 3 AGG darstellen,[247] da sie an das verpönte Merkmal der Behinderung (vergleiche § 1 AGG) anknüpfen. Eine Benachteiligung ergibt sich hier direkt dadurch, dass nur schwerbehinderten und ihnen gleichgestellten diese Rechte verwehrt werden (da der Natur der Sache nach nur ihnen diese Rechte überhaupt zustehen). Sie erfahren folglich eine ungünstigere Behandlung als nicht-behinderte Kollegen, da ihnen ein größerer Anteil der ihnen zustehenden Rechte verwehrt wird.

Um Schadensersatz- und Unterlassungsansprüchen der Beschäftigten zuvor zu kommen, sollten sich Arbeitgeber daher umfassend mit den zu beachtenden Vorschriften befassen und auseinandersetzen. Das versehentliche Diskriminieren von (schwer-)behinderten Mitarbeitern ist daher ein Risiko für den Arbeitgeber.

7.2.2 Höherer Personalverwaltungsaufwand

Generell wird in den meisten Betrieben das Personal durch ein Personalamt/-büro verwaltet. Dort ist regelmäßig auch für die Routinearbeiten, die durch jedes Beschäftigungsverhältnis anfallen, die Expertise vorhanden.

Da sich aber gerade durch die Beschäftigung von Schwerbehinderten sehr viele Besonderheiten ergeben – so zum Beispiel die Gewährung von Zusatzurlaub, die Bevorzugung bei Maßnahmen der innerbetrieblichen Bildung etc.[248] – kann es für die Personalverwaltung nötig sein, dass sie sich speziell in diese Themenfelder einarbeitet.

Dies erfordert einerseits Zeit und bindet die Mitarbeiter. Andererseits werden für Fachliteratur, Schulungen oder Rechtsberatungen unter Umständen auch noch Kosten fällig.

Gerade, wenn ein kleineres Unternehmen das erste Mal einen Schwerbehinderten einstellt, wird daher der Verwaltungsaufwand für diesen dem einen oder anderen Arbeitgeber als Nachteil oder Problem in Erinnerung bleiben. Er lässt sich aber langfristig vereinfachen, wenn mehrere Schwerbehinderte beschäftigt werden.

---

[247] Schleusener/Suckow/Voigt: AGG, § 2 Rn. 10.

[248] Vgl. hierzu beispielsweise die Darstellungen dieser Arbeit in den Kapiteln 4 und 5.

Dies zeigt sich schon dadurch, dass gerade in größeren Unternehmen die Inklusion Schwerbehinderter deutlich weiter fortgeschritten ist als in kleinen.[249]

7.2.3 Bedarf der Zusammenarbeit mit in- und externen Organisationen

Ein Grund weshalb Behinderte weniger oft/gern eingestellt werden ist der, dass die Arbeitgeber vor der hohen Bürokratie (die sich aus der Zusammenarbeit mit in- und externen Organisationen ergibt) fürchten.[250]

Zwar ist es richtig, dass mit bestimmten Organisationen[251] nur dann Kontakt aufgenommen und in der einen oder anderen Weise zusammengearbeitet werden muss, wenn Schwerbehinderte beschäftigt werden. Dennoch ist es eigentlich nicht ganz korrekt, hierin nur ein Problem zu sehen, da gerade die Interessenvertretungen oder auch die Integrationsämter/-fachdienste bei Problemen beratend und teilweise fördernd zur Seite stehen.

Andererseits gibt es bei fehlender Beschäftigung von Schwerbehinderten durch das Zahlen der Ausgleichsabgabe auch Bürokratie. Insofern ändert sich in gewisser Weise eigentlich nur die Art der Zusammenarbeit mit manchen Organisationen.

---

[249] Presseportal: Größeren Unternehmen fällt Inklusion am Arbeitsplatz leichter Umfrage: Öffentliche Verwaltung hat höchste Inklusionsquote in Deutschland.

[250] Menschen mit Behinderungen: Der Arbeitsmarkt für behinderte Menschen.

[251] Einige davon werden im nachfolgenden Kapitel 8 dargestellt.

8 Unterstützende Institutionen

8.1 Interne Interessenvertretungen

Unter den internen Interessenvertretungen sind diejenigen Stellen zu verstehen, an die sich ein schwerbehinderter Arbeitnehmer wenden kann, wenn er seine Rechte im Arbeitsalltag durchsetzen will. Als solche kommen insbesondere in Betracht:

8.1.1 Schwerbehindertenvertretung

Eine Schwerbehindertenvertretung kann in Betrieben mit mindestens fünf schwerbehinderten Beschäftigten gewählt werden (nach § 177 I 1 SGB IX). Wahlberechtigt sind dann die Schwerbehinderten und die ihnen Gleichgestellten.

Bei dieser Tätigkeit handelt es sich um ein unentgeltliches Ehrenamt (§ 179 I SGB IX), das regelmäßig alle 4 Jahre zur Wahl steht.

Die für die Tätigkeit notwendigen Materialien hat der Arbeitgeber kostenfrei zur Verfügung zu stellen (§ 179 VIII SGB IX). Außerdem besteht für die Schwerbehindertenvertretung auch ein Anspruch auf Kostenübernahme für notwendige Schulungen (§ 179 IV SGB IX).

Die Schwerbehindertenvertretung selbst hat nach § 178 I SGB IX die Aufgabe, die Eingliederung der Schwerbehinderten in den Betrieb zu fördern. Sie stellt ferner deren Interessenvertretung dar und berät und unterstützt sie. Dazu gehört nach Nr. 1 dieser Norm, dass sie darüber wacht, dass die zugunsten Schwerbehinderter geltenden Gesetze durchgeführt und die sich ergebenden Verpflichtungen für den Arbeitgeber durch diesen erfüllt werden. Bei diesen Gesetzen wird unter anderem der § 164 SGB IX explizit genannt.

Daher ist die Schwerbehindertenvertretung immer dann ein guter (erster) Ansprechpartner, wenn im Betrieb ein schwerbehinderter Arbeitnehmer sich zunächst über die sich hieraus ergebenden Ansprüche informieren und diese gegenüber dem Arbeitgeber durchsetzen will.

8.1.2 Betriebs-/Personalrat

Der Betriebsrat ist das Organ der Interessenvertretung der Belegschaft in einem Betrieb. Er setzt sich für die Belange des Arbeitnehmerkollektivs ein. Ihm stehen verschiedene Mitwirkungs- und Mitbestimmungsrechte in wirtschaftlichen, sozialen und personellen Angelegenheiten zu. Aus diesen kann er nach § 77 BetrVG[252] mit dem Arbeitgeber Betriebsvereinbarungen erlassen.

Zu seinen Aufgaben gehört nach § 80 I Nr. 4 BetrVG auch, sich für die Integration und Eingliederung von Schwerbehinderten in den Betrieb förderlich einzusetzen – insbesondere auch durch den Abschluss einer Inklusionsvereinbarung. Aus der Neuformulierung der Norm geht inzwischen auch die Verpflichtung des Gremiums auf den Abschluss der Vereinbarung hinzuwirken stärker hervor.[253]

Sollten Schwerbehinderte also Probleme in ihrer Eingliederung in den Betrieb sehen, so können sie sich – neben der Schwerbehindertenvertretung auch – an den Betriebsrat als zuständige Interessensvertretung wenden.

Im öffentlichen Dienst wird statt eines Betriebsrates ein Personalrat gewählt (nach dem BPersVG[254] oder den LPersVGen).

8.1.3 Jugend- und Auszubildendenvertretung

Die Jugend- und Auszubildendenvertretung ist die Interessenvertretung für minderjährige Beschäftigte und Personen in der Berufsausbildung (die das 25. Lebensjahr noch nicht vollendet haben).[255] Als solche ist sie nicht unmittelbar mit dem Schwerbehindertenrecht befasst. Die Jugend- und Auszubildendenvertretung hat gemäß § 57 II Nr. 3 BPersVG, § 70 I Nr. 2 BetrVG darüber zu wachen, dass gegenüber Personen die durch sie vertreten werden, die geltenden Gesetze eingehalten werden. Diese Überwachungsfunktion erstreckt sich allerdings lediglich auf die Gesetze, die zum Wohl und Schutz der zur Berufsbildung beschäftigten und der minderjährigen Beschäftigten erlassen wurden.[256]

Somit obliegt es nicht der Jugend- und Auszubildendenvertretung die Beachtung der sich aus dem Anspruch auf behindertengerechte Beschäftigung ergebenen Rechte zu kontrollieren. Gleichwohl kann sie aber bei Verstoß gegen diese Rechte gemeinsam mit den Betroffenen die Schwerbehindertenvertretung aufsuchen und

---

[252] Betriebsverfassungsgesetz vom 25. September 2001 (BGBl. I S. 2518), zuletzt geändert durch Artikel 6 des Gesetzes vom 17. Juli 2017 (BGBl. I S. 2509).

[253] Düwell/Beyer: Das neue Recht für behinderte Beschäftigte, Rn. 254.

[254] Bundespersonalvertretungsgesetz vom 15. März 1974 (BGBl. I S. 693), zuletzt geändert durch Artikel 7 des Gesetzes vom 17. Juli 2017 (BGBl. I S. 2581).

[255] Für den öffentlichen Dienst in Bayern beispielsweise Art. 58 BayPVG, für die Wirtschaft § 60 I BetrVG.

[256] So zum Beispiel Reich: Bayerisches Personalvertretungsgesetz Kommentar, Art. 57 Rn. 5.

hierdurch hilfreiche Kontakte herstellen. Auch als Interessenvertretung kann sie an weiteren Gesprächen unterstützend teilnehmen. Sie ist somit also zumindest auch eine mögliche Anlaufstelle für Schwerbehinderte aus der entsprechenden Alters- und Beschäftigtengruppe.

8.2 Arbeitgeberseitig eingerichtete Anlaufstellen

Da die Interessenvertretungen können die Ansprüche des schwerbehinderten Beschäftigten selbst nicht umsetzen. Sie sind vielmehr nur dafür da, ihn zu unterstützen, seine Rechte geltend zu machen. Die Umsetzung selbst fällt dann in die Sphäre des Arbeitgebers. Er bedienst sich hierfür insbesondere den beiden hier dargestellten Einrichtungen.

8.2.1 Inklusionsbeauftragter

Der Inklusionsbeauftragte (früher Beauftragter des Arbeitgebers) hat nach § 181 SGB IX die Aufgabe, den Arbeitgeber gegenüber den Schwerbehinderten zu vertreten. Er ist in jedem Betrieb zu bestellen, in dem ein Schwerbehinderter beschäftigt wird oder gemäß § 154 SGB IX zu beschäftigen wäre.[257]

Nach Möglichkeit soll er selbst schwerbehindert sein. Regelmäßig wird eine Leitungskraft aus der Personalstelle eingesetzt, da diese den Arbeitgeber auch verantwortlich vertreten können.[258] Aufgrund des Interessenkonflikts kommt hingegen die Schwerbehindertenvertretung nicht in Betracht.[259]

Der Inklusionsbeauftragte hat den Arbeitgeber dahingehend zu überwachen, dass dieser das Schwerbehindertenrecht einhält. Dazu gehören:[260]

- Erfüllung der Beschäftigungspflicht nach § 154 SGB IX

- Maßnahmen der Prävention nach § 167 SGB IX

- Umsetzung der Regelungen aus der Integrationsvereinbarung nach § 166 SGB IX

---

[257] Feldes: Basiskommentar, § 181 Rn. 1.

[258] Müller-Wenner/Winkler: SGB IX Teil 2, § 98 Rn. 6.

[259] Feldes: Basiskommentar, § 181 Rn. 3; Müller-Wenner/Winkler: SGB IX Teil 2, § 98 Rn. 6.

[260] Aufgabenaufzählung angelehnt an Minninger/Hinterholz/Westermann: Rechte behinderter Menschen, Seite 121.

- Hinzuziehung der Schwerbehindertenvertretung zu Sitzungen zwischen Betriebs-/Personalrat und Arbeitgeber gemäß § 178 SGB IX
- Ansprüche Schwerbehinderter aus § 164 SGB IX.

8.2.2 Personalstelle

Der Personalstelle obliegt die Aufgabe der Personaleinsatzplanung, die den wahrzunehmenden Aufgaben in Hinblick auf Zeit und Ort sowie Menge und Güte das entsprechend benötigte Personal zuweist.[261] Dies geschieht, soweit die entsprechenden Details nicht arbeitsvertraglich geregelt sind, durch die Ausübung des Direktionsrechts nach billigem Ermessen gemäß § 106 GewO. Satz 3 dieser Norm fordert hierbei explizit die Behinderung des Arbeitnehmers zu berücksichtigen.[262]

Das Direktionsrecht wird in der Praxis regelmäßig durch die Personalstelle und nicht unmittelbar durch den Arbeitgeber ausgeübt. Wenn ein behinderter Arbeitnehmer seinen Anspruch auf behindertengerechte Beschäftigung nach § 164 IV SGB IX geltend macht, ist mit der Umsetzung der notwendigen Maßnahmen daher üblicherweise auch das Personal betraut.

Hier sind folglich die notwendigen Kompetenzen und relevanten Kenntnisse hinsichtlich des Arbeitsrechts sowie der Personalwirtschaft vorhanden. Daher erscheint es sinnvoll, wenn der betroffene Beschäftigte (gegebenenfalls mit seiner Interessenvertretung) frühzeitig Kontakt zur Personalstelle aufnimmt, da hier über mögliche Lösungswege gesprochen werden kann. Dies gilt selbst in den Unternehmen, in denen der Arbeitgeber selbst das Direktionsrecht ausübt. Denn auch dort kann die Personalstelle zumindest mit ihm über die rechtlich möglichen Lösungswege beraten und diese auch aus betriebswirtschaftlicher Sicht (des Human Resource Managements) bewerten.

---

[261] Wöhe, Günter, Einführung in die allgemeine Betriebswirtschaftslehre, Seite 132.
[262] Vergleiche hierzu Unterkapitel 5.2.2 dieser Arbeit.

8.3 Extern

Neben den eben dargestellten innerbetrieblichen Anlaufstellen kommen auch externe Stellen in Betracht, wenn es darum geht, Schwerbehinderte in Arbeit zu bringen und ihnen dort eine behindertengerechte Beschäftigung zu ermöglichen.

8.3.1 Integrationsamt und –fachdienst

Das Integrationsamt hat nach § 185 I SGB IX die folgenden Aufgaben:

- Erhebung/Verwendung der Ausgleichsabgabe
- Sicherung des besonderen Kündigungsschutzes
- Begleitende Hilfen im Arbeitsleben
- Zeitweilige Entziehung der besonderen Hilfen für Schwerbehinderte.

Daneben kümmern sie sich um Öffentlichkeitsarbeit und veranstalten Bildungsmaßnahmen (unter anderem für die Mitglieder des Integrationsteams).[263]

Der Integrationsfachdienst kümmert sich um Schwerbehinderte Beschäftigte und Schulabgänger sowie um Personen ohne Behinderung, soweit diese an einer beruflichen Eingliederung teilnehmen.[264] Sie werden durch die Integrationsämter und Bundesagentur für Arbeit getragen.[265] Ihre Aufgaben bestehen unter anderem darin, Leistungsprofile für die Schwerbehinderten zu erstellen, sie auf die Arbeit vorzubereiten und sie während der Arbeit zu betreuen. Darüber hinaus beraten sie die Arbeitgeber und führen bei Bedarf Gespräche mit Kollegen und Vorgesetzten.[266]

Integrationsamt und –fachdienst sind daher immer dann zuverlässige und kompetente Ansprechpartner für den Arbeitgeber, wie auch den schwerbehinderten Beschäftigten, wenn es Probleme gibt oder die Umsetzung von Rechten des schwerbehinderten Arbeitnehmers geht.

8.3.2 Versorgungsamt

Das Schwerbehindertenrecht setzt für den persönlichen Anwendungsbereich die Schwerbehinderteneigenschaft voraus (§ 151 I SGB IX).

---

[263] BIH: ABC Behinderung und Beruf, Seite 289.

[264] Minninger/Hinterholz/Westermann: Rechte behinderter Menschen, Seite 136.

[265] Minninger/Hinterholz/Westermann: Rechte behinderter Menschen, Seite 135.

[266] BIH: ABC Behinderung und Beruf, Seite 289.

Für die Zuerkennung der Schwerbehinderteneigenschaft und des Grades der Behinderung sind die Versorgungsämter zuständig.[267] Sie stellen auch den entsprechenden Ausweis aus.[268]

Die Versorgungsämter sind daher gerade für die „nur" behinderten Beschäftigten wichtige Anlaufstellen, wenn sich bei ihnen die Beeinträchtigung (der Teilhabe) durch die Verschlechterung der Behinderung verstärkt. Dort können sie dann einen Antrag mit der Zielsetzung stellen, dass das Versorgungsamt ihnen einen neuen Grad der Behinderung zuerkennt. Hierdurch können die Betroffenen dann unter Umständen auch in den Schutzbereich des Schwerbehindertenrechts fallen.

8.3.3 Bundesagenturen für Arbeit

Nach § 164 I SGB IX haben die Arbeitgeber zu prüfen, ob freiwerdende Arbeitsplätze mit bei der Bundesagentur arbeitslos/-suchend gemeldeten Schwerbehinderten besetzt werden können. Teilt der Arbeitgeber die Stellenausschreibung der Bundesagentur für Arbeit mit, so kann diese (insbesondere) langzeitarbeitslose Schwerbehinderte mit geeignetem Qualifikationsprofil für die Besetzung der freien Stelle vorschlagen.[269]

Wenn ein Schwerbehinderter nach Arbeit sucht, sollte er sich daher dringend bei der Bundesagentur als arbeitsuchend melden und die Schwerbehinderung offen legen, damit er in diesen Pool aufgenommen wird und daher auch als Vermittlungsvorschlag den Arbeitgebern vorgeschlagen werden kann.

Neben der Vermittlung der schwerbehinderten Menschen an Arbeitgeber hat die Bundesagentur auch noch die Aufgabe, als Rehabilitationsträger nach § 6 SGB IX die Leistungen zur Teilhabe am Arbeitsleben zu finanzieren und gemeinsam mit dem Integrationsamt über die Einhaltung der Regelungen des dritten Teils SGB IX zu wachen und diese notfalls durchzusetzen.[270]

---

[267] Feldes: Basiskommentar, § 152 Rn. 2.
[268] Schwerbehindertenausweis: Antrag und Verfahren.
[269] Feldes: Basiskommentar, § 164 Rn. 9.
[270] Minninger/Hinterholz/Westermann: Rechte behinderter Menschen, Seite 137 f.

8.3.4 Gerichte

Wie in Kapitel 4.2.1 dargestellt, handelt es sich bei den Ansprüchen auf behindertengerechte Beschäftigung nach § 164 IV SGB IX um einklagbare Ansprüche.

Das Gericht kommt daher dann als Anlaufstelle für den schwerbehinderten Beschäftigten in Betracht, wenn der Arbeitgeber selbst dann seinen Pflichten noch nicht nachkommt, wenn der betroffene Mitarbeiter schon alle anderen in Frage kommenden Stellen zur Unterstützung eingeschaltet hat.

Er kann dann vor dem jeweils zuständigen Arbeitsgericht eine Leistungsklage gegen seinen Arbeitgeber geltend machen. Die Arbeitsgerichtsbarkeit ist nach § 2 I 3 lit. a) ArbGG[271] für diese Verfahren zuständig.

Durch Urteil des Arbeitsgerichts kann dann der Arbeitgeber verpflichtet werden, die Ansprüche des schwerbehinderten Arbeitnehmers umzusetzen.

---

[271] Arbeitsgerichtsgesetz vom 2. Juli 1979 (BGBl. I S. 853, 1036), zuletzt geändert durch Artikel 5 Absatz 4 des Gesetzes vom 8. Oktober 2017 (BGBl. I S. 3546).

9 Schlussbetrachtung

Wie zuvor dargestellt, gibt es in Deutschland etwa 7,6 Millionen schwerbehinderte Menschen. Diesen soll eine gleichberechtigte Teilhabe (wie durch die UN-BRK vorgesehen) am gesellschaftlichen Leben ermöglicht werden. Hierzu gehört auch, dass die Schwerbehinderten, soweit sie noch erwerbsfähig sind, einer Beschäftigung nachgehen können.

Um den Schwerbehinderten eine angemessene Beschäftigung zu ermöglichen, und sie nicht etwa nur in Werkstätten für Menschen mit Behinderung abzuschieben, hat der deutsche Gesetzgeber den Schwerbehinderten umfangreiche Ansprüche und Schutzrechte zur Seite gestellt. Hierzu zählen insbesondere die Ansprüche des § 164 IV 1 Nr. 1 – 5 SGB IX, die das Recht auf behindertengerechte Beschäftigung sichern.

Die dort aufgeführten Rechte sind – insbesondere im Zusammenspiel mit den sonstigen Rechten – sehr gut dazu geeignet, den Menschen mit einer Schwerbehinderung die Chance zu geben, einen Arbeitsplatz zu besetzen und die dort anfallenden Aufgaben zu bearbeiten. Dies liegt vor allem daran, dass bei der Arbeit auch darauf zu achten ist, dass die schwerbehinderten Arbeitnehmer hinsichtlich ihrer Qualifikation und ihrer Kenntnisse stetig weiter zu fördern und zu entwickeln sind, während außerdem auch die notwendige Infrastruktur (zum Beispiel in Form bestimmter Arbeitshilfen) zur Verfügung gestellt wird, wenn dies aufgrund der Behinderung notwendig ist.

Vor allem der beratenden und finanziellen Unterstützung von Einrichtungen wie dem Integrationsamt und –fachdienst kommt hier eine große Bedeutung zu. Daneben sind aber auch die Interessenvertretungen der (schwerbehinderten) Beschäftigten regelmäßig darum bemüht, die Ansprüche der Arbeitnehmer umgesetzt zu sehen, so dass diese ihrer Arbeit gut nachkommen können.

Wenn die Schwerbehinderten so im Arbeitsleben gehalten werden, können sie auch eigenständig und selbstbestimmt ihr Leben führen und dadurch insbesondere auch in Form von Hobbys oder ähnlichem eine Teilhabe in anderen Lebensbereichen erreichen und ihren Mitmenschen auf Augenhöhe begegnen.

Betrachtet man also die Wirkung des Schwerbehindertenrechts für die bereits in Beschäftigung stehenden schwerbehinderten Arbeitnehmer, so lässt sich festhalten, dass es in jedem Fall eine große Chance auf den Erhalt der Arbeit bietet.

Anders sieht es für diejenigen Schwerbehinderten aus, die erst noch einen Arbeitsplatz suchen. Es gibt zwar auch die Möglichkeit, über (bevorzugte) Vorschläge der Agenturen für Arbeit auf eine freie Stelle vermittelt zu werden, oder zur Erreichung der Beschäftigungsquote in einen Betrieb eingestellt zu werden. Dennoch zeigt sich immer wieder, dass gerade die weitreichenden Verpflichtungen, die mit der Beschäftigung eines Schwerbehinderten einhergehen, gerade kleine Unternehmen dazu veranlassen, von einer Einstellung abzusehen.

Dadurch stellt sich das Schwerbehindertenrecht – insbesondere hinsichtlich des Anspruchs auf behindertengerechte Beschäftigung – als Risiko für die betroffenen Menschen dar.

Daneben zeigt sich, dass gerade für Arbeitgeber auch einige Vorteile aus der Beschäftigung von schwerbehinderten Mitarbeitern resultieren können. So kann sich das Betriebsklima durch die größere Vielfalt verbessern und die Fluktuation im Betrieb durch die große Treue und Loyalität der Schwerbehinderten gesenkt werden. Außerdem können durch den Einsatz von Schwerbehinderten auch Personalengpässe, die beispielsweise durch den Fachkräftemangel verursacht werden, abgefedert werden.

Somit gibt es auch für die Arbeitgeber große Chancen aus der behindertengerechten Beschäftigung von schwerbehinderten Mitarbeitern.

Betrachtet man daneben, dass der Arbeitgeber auch einen größeren Aufwand (zum Erwerb der nötigen Expertise oder zur Ausstattung der Arbeitsplätze mit notwendigem Material) hat, so ergibt sich daraus für ihn ein Risiko aus der behindertengerechten Beschäftigung von Menschen mit einer Schwerbehinderung.

Hierbei ist jedoch zu bedenken, dass gerade das Integrationsamt diesbezüglich (auch finanziell) unterstützen kann. Daneben ist auch der Erwerb des nötigen Fachwissens, beispielsweise durch das Personalamt, für die dort beschäftigten Arbeitskräfte interessant, da die Arbeit für diese abwechslungsreicher wird.

Daher kann zusammenfassend festgehalten werden, dass das Recht auf behinderungsgerechte Beschäftigung insgesamt eher eine (große) Chance für alle Beteiligten darstellt, wenn sie nur richtig umgesetzt und angegangen wird.

Literaturverzeichnis

Anwaltskanzlei Potratz: Einstellung schwerbehinderter Arbeitnehmer – Chance oder Risiko?, unbekannten Datums, abgerufen am 07.05.2018 unter https://www.ra-potratz.de/einstellung-schwerbehinderter-arbeitnehmer-chance-oder-risiko.html

Arbeitsschutz-Portal: Menschen mit Schwerbehinderung einstellen, 22.02.2018, abgerufen am 24.04.2018 unter https://www.arbeitsschutz-portal.de/beitrag/asp_news/6476/menschen-mit-schwerbehinderung-einstellen.html

Arndt, Hans-Wolfgang, Fetzer, Thomas: Öffentliches Recht, 16. Auflage, München, 2013

Bayerischer Rundfunk: Kaum Bewerber für Stellen in der Altenpflege, 12.02.2018, abgerufen am 24.04.2018 unter https://www.br.de/nachrichten/kaum-bewerber-fuer-stellen-in-der-altenpflege100.html

Becker, Manfred: Personalwirtschaft, Lehrbuch für Studium und Praxis, 1. Auflage, Stuttgart, 2010

Behinderung: Beschäftigung von Menschen mit Behinderung – Vorteile für das Arbeitsleben, unbekannten Datums, abgerufen am 09.05.2018 unter https://behinderung.org/arbeit.htm

Berliner Morgenpost: Firmen stellen mehr Behinderte ein, unbekannten Datums, abgerufen am 24.04.2018 unter https://www.morgenpost.de/wirtschaft/article212714337/Firmen-stellen-mehr-Behinderte-ein.html

Berufsverband der Rechtsjournalisten e. V.: Was ist ein leidensgerechter Arbeitsplatz? – Definition, unbekannten Datums, abgerufen am 24.04.208 unter https://www.arbeitsrechte.de/leidensgerechter-arbeitsplatz/

Besgen, Nicolai: Schwerbehindertenrecht, Arbeitsrechtliche Besonderheiten, 3. Auflage, Berlin, 2018

Betriebsratwissen: Behinderter hat keinen Anspruch auf behindertengerechte Tätigkeit, unbekannten Datums, abgerufen am 15.05.2018 unter https://www.betriebsrat.com/urteil/273/66164/lag-rheinland-pfalz-7-sa-1099-03

BIH: Jahresbericht 2016/2017, 1. Auflage, Köln, 2018

BIH: Leistungen für behinderte Menschen im Beruf, in: ABC Behinderung und Beruf, Handbuch für die betriebliche Praxis, 5. Auflage, Köln, 2014

BIH: Was sagen Arbeitgeber?, unbekannten Datums, abgerufen am 07.05.2018 unter https://www.integrationsaemter.de/ZB-4-2013/479c6291i3p62/index.html

BMAS: Sozialhilfe, 28.04.2018, abgerufen am 08.05.2018 unter http://www.bmas.de/DE/Themen/Soziale-Sicherung/Sozialhilfe/sozialhilfe-art.html

BMAS: Teilhabe behinderter Menschen - Leistungen nach SGB IX, 02.01.2018, abgerufen am 08.05.2018 unter http://www.bmas.de/DE/Themen/Teilhabe-Inklusion/Politik-fuer-behinderte-Menschen/sgb-ix-leistungen.html

Bundesagentur für Arbeit: Menschen mit Behinderung im Beruf, März 2017, abgerufen am 07.05.2018 unter https://con.arbeitsagentur.de/prod/apok/ct/dam/download/documents/dok_ba015366.pdf

Bundestag: Drucksache 18/9522, 05.09.2016, abgerufen am 11.05.2018 unter http://dipbt.bundestag.de/GGTSPU-ee69d2f3f5d4e8e2-81281-78316-oWjwYk3xy9F0DJP2-LOD/doc/btd/18/095/1809522.pdf

Business Wissen: Behinderte Mitarbeiter einstellen, 29.05.2017, abgerufen am 24.04.2018 unter https://www.business-wissen.de/artikel/behinderte-mitarbeiter-einstellen-die-vorteile-fuer-arbeitgeber/

Das Allgäu online: Selbstwertgefühl mit Arbeit steigern, 09.11.2009, abgerufen am 07.05.2018 unter https://www.all-in.de/kempten-allgaeu/c-rundschau/selbstwertgefuehl-mit-arbeit-steigern_a668430

dasGleichstellungsWissen: Stellenausschreibungen und das Allgemeine Gleichbehandlungsgesetz (AGG)-eine Checkliste anhand aktueller Rechtsprechung, 01.12.2012, abgerufen am 07.05.2018 unter http://www.dasgleichstellungswissen.de/stellenausschreibungen-und-das-allgemeine-gleichbehandlungsgesetz-(agg)-eine-checkliste-anhand-aktueller-rechtsprechung.html?src=7

Dau, Dirk, Düwell, Franz Josef, Joussen, Jacob: Sozialgesetzbuch IX, 4. Auflage, Baden-Baden, 2014

Däubler, Wolfgang et al: Arbeitsrecht, Individualarbeitsrecht mit kollektivrechtlichen Bezügen. Handkommentar, 3. Auflage, Baden-Baden, 2013

Destatis: Statistik der schwerbehinderten Menschen 2015, 24.02.2017, abgerufen am 11.05.2018 unter https://www.destatis.de/DE/Publikationen/Thematisch/Gesundheit/Be hinderteMen- schen/SozialSchwerbehinderteKB5227101159004.pdf?_blob=publicatio nFile

Deutsche Handwerkszeitung: Inklusion: Viele Firmen drücken sich, 14.12.2016, abgerufen am 24.04.2018 unter https://www.deutsche-handwerks- zeitung.de/wie-inklusion-im-handwerksbetrieb-gelingen- kann/150/3096/206576

DGB: Job und Behinderung: Ab wann gelte ich als schwerbehindert?, 26.01.2016, abgerufen am 07.05.2018 unter http://www.dgb.de/vorteile- schwerbehindertenausweis-beantragen

DGB Rechtsschutz: Kündigungsschutz für Schwerbehinderte wird zur Farce, 02.03.2016, abgerufen am 24.04.2018 unter https://www.dgbrechtsschutz.de/recht/sozialrecht/schwerbehinderte/k uendigungsschutz-fuer-schwerbehinderte-wird-zur-farce/

Dornbusch, Gregor, Fischermeier, Ernst: AR Kommentar zum gesamten Arbeitsrecht, 7. Auflage, Köln, 2015

Familienratgeber: Steuerfreibeträge, 30.01.2018, abgerufen am 09.05.2018 unter https://www.familienratgeber.de/schwerbehinderung/nachteilsausgleich e/steuerfreibetraege.php

FAZ: Große Unternehmen beschäftigen mehr Behinderte, 22.07.2017, abgerufen am 09.05.2018 unter http://www.faz.net/aktuell/beruf- chance/beruf/inklusion-am-arbeitsplatz-grosse-unternehmen- beschaeftigen-mehr-behinderte-15116175.html

FAZ: Menschen mit Behinderung einstellen - so gelingt's, 21.02.2016, abgerufen am 24.04.2018 unter http://www.faz.net/aktuell/beruf-chance/recht-und-gehalt/neue-studie-menschen-mit-behinderung-einstellen-so-gelingt-s-14082027.html

FAZ: Warum Arbeitgeber sich von der Behinderten-Quote freikaufen, 03.12.2013, abgerufen am 24.04.2018 unter http://www.faz.net/aktuell/beruf-chance/recht-und-gehalt/arbeitsmarkt-warum-arbeitgeber-sich-von-der-behinderten-quote-freikaufen-12686091.html

Feldes, Werner et al: Schwerbehindertenrecht, Basiskommentar zum SGB IX mit Wahlordnung, 14. Auflage, Frankfurt am Main, 2018

Feldes, Werner, Ritz, Hans-Günther, Schmidt, Jürgen: Die Praxis der Schwerbehindertenvertretung von A bis Z, 5. Auflage, Frankfurt am Main, 2010

Focus: 15 Millionen Arbeitskräfte zu wenig! Deutschland altert zu schnell, 07.05.2015, abgerufen am 24.04.2018 unter https://www.focus.de/finanzen/news/konjunktur/demografischer-wandel-15-millionen-arbeitskraefte-zu-wenig-deutschland-altert-zu-schnell_id_4665245.html

Greß, Jürgen: Schwerbehindert, Meine Rechte: Wohnen, Arbeiten, Steuern und Mobilität, 2. Auflage, München, 2013

Groeger, Axel et al: Arbeitsrecht im öffentlichen Dienst, 1. Auflage, Köln, 2010

Hirdina, Ralph: Grundzüge des Arbeitsrechts, 4. Auflage, München, 2014

Jarass, Hans, Pieroth, Bodo: Grundgesetz für die Bundesrepublik Deutschland Kommentar, 14. Auflage, München, 2016

Karrierebibel: Rücksichtnahme: Ihre Rechte und Pflichten, unbekannten Datums, abgerufen am 09.05.2018 unter https://karrierebibel.de/ruecksichtnahme/

Knittel, Bernhard: SGB IX, Rehabilitation und Teilhabe behinderter Menschen und Allgemeines Gleichstellungsgesetz Kommentar, 11. Auflage, Köln, 2017

Kossens, Michael, von der Heide, Dirk, Maaß, Michael: SGB IX, 4. Auflage, München, 2015

Landesinstitut für Arbeitsgestaltung des Landes Nordrhein-Westphalen: Was versteht man unter einem Schonarbeitsplatz?, 13.12.2012, abgerufen am 24.04.2018 unter https://www.komnet.nrw.de/_sitetools/dialog/13975

Manpowergroup Solutions: Was Bewerber wirklich wollen: Machtwechsel im Bewerbungsprozess, 26.04.2017, abgerufen am 11.05.2018 unter https://www.manpowergroupsolutions.de/fileadmin/manpowergrouposo lutions.de/Download/MGS_Well_Informed_Candidate_D_20170426.pdf

Marburger, Horst: SGB IX Rehabilitation und Teilhabe behinderter Menschen, Vorschriften und Verordnungen mit praxisorientierter Einführung, 10. Auflage, Regensburg, 2013

Menschen mit Behinderungen: Der Arbeitsmarkt für behinderte Menschen, unbekannten Datums, abgerufen am 09.05.2018 unter https://menschen-mit-behinderungen.info/der-arbeitsmarkt-fur-behinderte-menschen/

Minninger, Norbert et al: Rechte behinderter Menschen, Der Ratgeber für Betroffene, Angehörige und Interessenvertretungen, 3. Auflage, Frankfurt am Main, 2013

Müller-Wenner, Dorothee, Winkler, Jürgen: SGB IX Teil 2 Schwerbehindertenrecht Kommentar, 2. Auflage, München, 2011

Müller-Glöge, Rudi, Preis, Ulrich, Schmidt, Ingrid: Erfurter Kommentar zum Arbeitsrecht, 18. Auflage, München, 2018

MyHandicap: Den Selbstwert erhalten trotz Behinderung, unbekannten Datums, abgerufen am 07.05.2018 unter https://www.myhandicap.de/gesundheit/psychische-behinderung/psychologische-tipps/selbstwert-handicap/

Neumann, Dirk, Pahlen, Ronald, Majerski-Pahlen, Monika: SGB IX, 12. Auflage, München, 2010

Nullbarriere: Mitarbeiter mit einer Behinderung - ein Gewinn für Ihr Unternehmen, unbekannten Datums, abgerufen am 24.04.2018 unter https://nullbarriere.de/mitarbeiter-behinderung.htm

Olfert, Klaus: Personalwirtschaft, 16. Auflage, Baden-Baden, 2015

Onpulson: Arbeitsrecht, unbekannten Datums, abgerufen am 24.04.2018 unter http://www.onpulson.de/lexikon/arbeitsrecht/

Onpulson: Image, unbekannten Datums, abgerufen am 24.04.2018 unter http://www.onpulson.de/lexikon/image/

Ort, Markus: Vermeidung einer Diskriminierung behinderter Arbeitnehmer insbesondere im Rahmen des Einstellungsverfahrens des öffentlichen Dienstes - Eine Darstellung der Rechtslage und kritische Analyse, 2. Auflage, Norderstedt, 2016

Piesold, Ralf-Rainer: Kommunales Beteiligungsmanagement und –controlling, 1. Auflage, Berlin, 2018

PNN: In 75 Prozent der Fälle stimmen wir der Kündigung zu, 10.12.2011, abgerufen am 10.05.2018 unter http://www.pnn.de/potsdam/604098/

Presseportal: Größeren Unternehmen fällt Inklusion am Arbeitsplatz leichter, Umfrage: Öffentliche Verwaltung hat höchste Inklusionsquote in Deutschland, 04.08.2017, abgerufen am 09.05.2018 unter https://www.presseportal.de/pm/119173/3701261

Reich, Andreas: Bayerisches Personalvertretungsgesetz, Kommentar, 1. Auflage, Bad Honnef, 2002

Rosenstiel, Lutz von, Nerdinger, Friedemann: Grundlagen der Organisationspsychologie, Basiswissen und Anwendungshinweise, 7. Auflage, Stuttgart, 2011

Schleusener Aino, Suckow, Jens, Voigt, Burkhard: AGG, Kommentar zum Allgemeinen Gleichbehandlungsgesetz, 3. Auflage, Köln 2011

Scholz, Christian: Personalmanagement, Informationsorientierte und verhaltensorientierte Grundlagen, 6. Auflage, München, 2014

Schwerbehindertenausweis: Antrag und Verfahren, unbekannten Datums, abgerufen am 14.05.2018 unter https://www.schwerbehindertenausweis.de/behinderung/ausweis/antrag-und-verfahren

Splendid research: Studie: Soziales Engagement zahlt sich für Unternehmen aus, 28.06.2016, abgerufen am 24.04.2018 unter https://www.splendid-research.com/ueber-uns/presse/item/studie-corporate-social-responsibility.html

Springer Gabler Wirtschaftslexikon: Betriebsklima, unbekannten Datums, abgerufen am 09.05.2018 unter https://wirtschaftslexikon.gabler.de/definition/betriebsklima-31522

Springer Gabler Wirtschaftslexikon: Personalwirtschaft, 14.12.2017, abgerufen am 24.04.2018 unter http://wirtschaftslexikon.gabler.de/Archiv/78602/personalwirtschaft-v11.html

Springer Gabler Wirtschaftslexikon: Schwerbehindertenrecht, unbekannten Datums, abgerufen am 24.04.2018 unter https://wirtschaftslexikon.gabler.de/definition/schwerbehindertenrecht-45837

Statistisches Bundesamt: Statistik der schwerbehinderten Menschen, Wiesbaden, 2017

Statista: Erwerbsquote in Deutschland von 1991 bis 2017, unbekannten Datums, abgerufen am 24.04.2018 unter https://de.statista.com/statistik/daten/studie/2187/umfrage/entwicklung-der-erwerbsquote-in-deutschland/

Süddeutsche Zeitung: Total logisch, 16.02.2017, abgerufen am 24.04.2018 unter http://www.sueddeutsche.de/wirtschaft/sap-total-logisch-1.3395730

Tagesspiegel: Arbeitslosenzahl wird 2018 weiter sinken, 03.01.2018, abgerufen am 24.04.2018 unter https://www.tagesspiegel.de/wirtschaft/arbeitsmarkt-in-deutschland-arbeitslosenzahl-wird-2018-weiter-sinken/20810078.html

taz: Beim Arbeitsmarkt soll Schluss sein?, 09.12.2016, abgerufen am 07.05.2018 unter http://www.taz.de/!5361425/

VdK: Grad der Behinderung (GdB) und der Grad Schädigungsfol-gen (GdS), 07.02.2011, abgerufen am 24.04.2018 unter http://www.vdk.de/deutschland/pages/themen/behinde-rung/9216/grad_der_behinderung_gdb

Walbrühl, Ulrich: Wirtschaftspsychologie, Für Dummies, 1. Auflage, Weinheim, 2014

Walhalla Fachredaktion: Bundesteilhabegesetz Reformstufe 2: Das neue SGB IX, 1. Auflage, Regensburg, 2018

WAZ: Schwerbehinderte sind sehr loyal und motiviert, 08.12.2015, abgerufen am 24.04.2018 unter https://www.waz.de/staedte/essen/schwerbehinderte-sind-sehr-loyal-und-motiviert-id11361277.html

WiWo: Bewerber mit Handicap haben schlechte Karten, 04.08.2017, abgerufen am 07.05.2018 unter https://www.wiwo.de/erfolg/jobsuche/arbeiten-mit-behinderung-bewerber-mit-handicap-haben-schlechte-karten/20124526.html

Wöhe, Günter, Döring, Ulrich: Einführung in die Allgemeine Betriebswirtschaftslehre, 25. Auflage, München, 2013

ZB Bayern 02.2013, Mai 2013, abgerufen am 08.05.2018 unter https://www.zbfs.bayern.de/imperia/md/content/blvf/integrationsamt/zb/2013.02.pdf

ZB Info 4 2017: Aufgaben der Integrationsämter 2016|2017, 1. Auflage, Köln, 2017

ZB Spezial: Was heißt hier behindert?, 1. Auflage, Wiesbaden, 2012

ZB Spezial: Behinderte Menschen im Arbeitsleben, Informationen für Arbeitgeber, 2. Auflage, Wiesbaden, 2003

ZB Zeitschrift 03_2012: Behinderte Menschen im Beruf, 1. Auflage, Wiesbaden, 2012

Zeit: Arbeit muss sich auch für behinderte Menschen lohnen, 12.11.2015, abgerufen am 08.05.2018 unter https://blog.zeit.de/stufenlos/2015/11/12/arbeit-muss-sich-auch-fur-behinderte-menschen-lohnen/

Zeit: Bis 2030 fehlen drei Millionen Fachkräfte, 30.08.2017, abgerufen am 24.04.2018 unter http://www.zeit.de/wirtschaft/2017-08/studie-fachkraefte-mangel-deutschland-2040

Zeit: Die Barriere in unseren Köpfen, 23.07.2017, abgerufen am 07.05.2018 unter https://www.zeit.de/karriere/beruf/2017-07/menschen-behinderung-karriere-beruf-handicap-huerden

Zentrum Bayern Familie und Soziales: Arbeitgeber-Schnellinfo, unbekannten
　　　Datums, abgerufen am 08.05.2018 unter
　　　https://www.zbfs.bayern.de/behinderung-
　　　beruf/arbeitgeber/schnellinfo/index.php

Rechtsprechungsverzeichnis

EuGH, Urteil vom 11.07.2006 – Az.: C-13/05, abgerufen am 24.04.2018 unter
https://www.jurion.de/urteile/eugh/2006-07-11/c-13_05/

BSG, Urteil vom 16.03.2016 – B 9 SB 1/15R, abgerufen am 11.05.2018 unter
https://www.jurion.de/urteile/bsg/2016-03-16/b-9-sb-1_15-r/

BSG, Urteil vom 06.08.2014 – B 11 AL 16/13 R, abgerufen am 15.05.2018 unter
https://lexetius.com/2014,3328

BSG, Urteil vom 01.03.2011 – B 7 AL 6/10, BSGE 108, 4

BSG, Urteil vom 22.09.1981, abgerufen am 11.05.2018 unter
https://www.jurion.de/urteile/bsg/1981-09-22/1-rj-12_80/

LSG Berlin-Brandenburg, Urteil vom 03.12.2009 – L 13 SB 235/07, abgerufen
am 11.05.2018 unter
https://sozialgerichtsbarkeit.de/sgb/esgb/show.php?modul=esgb&id=12
7984

BAG, Urteil vom 19.05.2010 – 5 AZR 162/09, NZA 2010, 1119

BAG, Urteil vom 14.03.2006 – 9 AZR 411/05, abgerufen am 15.05.2018 unter
https://openjur.de/u/170986.html

BAG, Urteil vom 22.11.2005, NZA 2006, 389

BAG, Urteil vom 04.10.2005 – 9 AZR 623/04, abgerufen am 11.05.2018 unter
https://judicialis.de/Bundesarbeitsgericht_9-AZR-632-
04_Urteil_04.10.2005.html

BAG, Urteil vom 03.12.2002 – 9 AZR 462/01, NZA 2004, 1219

BAG, Urteil vom 21.03.2001, AP Nr. 1 zu § 81 SGB IX

BAG, Urteil vom 23.06.1993 – 5 AZR 337/92, abgerufen am 11.05.2018 unter
https://www.jurion.de/urteile/bag/1993-06-23/5-azr-337_92/

BAG, Urteil vom 04.02.1960, AP Nr. 7 zu § 618 BGB

LAG Rheinland-Pfalz, Urteil vom 14.07.2005 – 11 Sa 253/05, abgerufen am
11.05.2018 unter https://judicialis.de/Landesarbeitsgericht-Rheinland-
Pfalz_11-Sa-253-05_Urteil_14.07.2005.html

LAG Rheinland-Pfalz, Urteil vom 03.02.2005 – 4 Sa 900/04, abgerufen am 15.05.2018 unter
http://www.landesrecht.rlp.de/jportal/portal/t/7qe/page/bsrlpprod.ps ml?pid=Dokumentanzeige&showdoccase=1&doc.id=JURE060023234&do c.part=L

LAG Rheinland-Pfalz, Urteil vom 22.01.2004, LAGReport 2004, 360

ArbG Berlin, Urteil vom 04.11.2011 – 28 Ca 8209/11 – Rn. 64, PflR 2012, 104

VG Frankfurt, Urteil vom 29.2.2008 – 9 E 941/07, abgerufen am 11.05.2018 unter
http://www.lareda.hessenrecht.hessen.de/lexsoft/default/hessenrecht_la reda.html#docid:3602105

Anlagen

Anlage 1: Präambel der UN-BRK:

Übereinkommen der Vereinten Nationen über die Rechte von Menschen mit Behinderungen

Präambel

Die Vertragsstaaten dieses Übereinkommens,

a) unter Hinweis auf die in der Charta der Vereinten Nationen verkündeten Grundsätze, denen zufolge die Anerkennung der Würde und des Wertes, die allen Mitgliedern der menschlichen Gesellschaft innewohnen, sowie ihrer gleichen und unveräußerlichen Rechte die Grundlage von Freiheit, Gerechtigkeit und Frieden in der Welt bildet,

b) in der Erkenntnis, dass die Vereinten Nationen in der Allgemeinen Erklärung der Menschenrechte und in den Internationalen Menschenrechtspakten verkündet haben und übereingekommen sind, dass jeder Mensch ohne Unterschied Anspruch auf alle darin auf geführten Rechte und Freiheiten hat,

c) bekräftigend, dass alle Menschenrechte und Grundfreiheiten allgemein gültig und unteilbar sind, einander bedingen und mit einander verknüpft sind und dass Menschen mit Behinderungen der volle Genuss dieser Rechte und Freiheiten ohne Diskriminierung garantiert werden muss,

d) unter Hinweis auf den Internationalen Pakt über wirtschaftliche, soziale und kulturelle Rechte, den Internationalen Pakt über bürgerliche und politische Rechte, das Internationale Übereinkommen zur Beseitigung jeder Form von Rassendiskriminierung, das Übereinkommen zur Beseitigung jeder Form von Diskriminierung der Frau, das Übereinkommen gegen Folter und andere grausame, unmenschliche oder erniedrigende Behandlung oder Strafe, das Übereinkommen über die Rechte des Kindes und das Internationale Übereinkommen zum Schutz der Rechte aller Wanderarbeitnehmer und ihrer Familienangehörigen,

e) in der Erkenntnis, dass das Verständnis von Behinderung sich ständig weiterentwickelt und dass Behinderung aus der Wechselwirkung zwischen Menschen mit Beeinträchtigungen und einstellungs- und umweltbedingten

Barrieren entsteht, die sie an der vollen, wirksamen und gleich berechtigten Teilhabe an der Gesellschaft hindern,

f) in der Erkenntnis, dass die in dem Weltaktionsprogramm für Behinderte und den Rahmenbestimmungen für die Herstellung der Chancengleichheit für Behinderte enthaltenen Grundsätze und Leitlinien einen wichtigen Einfluss auf die Förderung, Ausarbeitung und Bewertung von politischen Konzepten, Plänen, Programmen und Maßnahmen auf einzelstaatlicher, regionaler und internationaler Ebene zur Verbesserung der Chancengleichheit für Menschen mit Behinderungen haben,

g) nachdrücklich darauf hinweisend, wie wichtig es ist, die Behinderungsthematik zu einem festen Bestandteil der einschlägigen Strategien der nachhaltigen Entwicklung zu machen,

h) ebenso in der Erkenntnis, dass jede Diskriminierung aufgrund von Behinderung eine Verletzung der Würde und des Wertes darstellt, die jedem Menschen innewohnen,

i) ferner in der Erkenntnis der Vielfalt der Menschen mit Behinderungen,

j) in Anerkennung der Notwendigkeit, die Menschenrechte aller Menschen mit Behinderungen, einschließlich derjenigen, die intensivere Unterstützung benötigen, zu fördern und zu schützen,

k) besorgt darüber, dass sich Menschen mit Behinderungen trotz dieser verschiedenen Dokumente und Verpflichtungen in allen Teilen der Welt nach wie vor Hindernissen für ihre Teilhabe als gleichberechtigte Mitglieder der Gesellschaft sowie Verletzungen ihrer Menschen rechte gegenübersehen,

l) in Anerkennung der Bedeutung der internationalen Zusammenarbeit für die Verbesserung der Lebensbedingungen der Menschen mit Behinderungen in allen Ländern, insbesondere den Entwicklungsländern,

m) in Anerkennung des wertvollen Beitrags, den Menschen mit Behinderungen zum allgemeinen Wohl und zur Vielfalt ihrer Gemeinschaften leisten und leisten können, und in der Erkenntnis, dass die Förderung des vollen Genusses der Menschenrechte und Grundfreiheiten durch Menschen mit Behinderungen sowie ihrer uneingeschränkten Teilhabe ihr Zugehörigkeitsgefühl verstärken und zu erheblichen Fortschritten in der menschlichen, sozialen und wirtschaftlichen Entwicklung der Gesellschaft und bei der Beseitigung der Armut führen wird,

n) in der Erkenntnis, wie wichtig die individuelle Autonomie und Unabhängigkeit für Menschen mit Behinderungen ist, einschließlich der Freiheit, eigene Entscheidungen zutreffen,

o) in der Erwägung, dass Menschen mit Behinderungen die Möglichkeit haben sollen, aktiv an Entscheidungsprozessen über politische Konzepte und über Programme mitzuwirken, insbesondere wenn diese sie unmittelbar betreffen,

p) besorgt über die schwierigen Bedingungen, denen sich Menschen mit Behinderungen gegenübersehen, die mehrfachen oder verschärften Formen der Diskriminierung aufgrund der Rasse, der Hautfarbe, des Geschlechts, der Sprache, der Religion, der politischen odersonstigen Anschauung, der nationalen, ethnischen, indigenen oder sozialen Herkunft, des Vermögens, der Geburt, des Alters oder des sonstigen Status ausgesetzt sind,

q) in der Erkenntnis, dass Frauen und Mädchen mit Behinderungen sowohl innerhalb als auch außerhalb ihres häuslichen Umfelds oft in stärkerem Maße durch Gewalt, Verletzung oder Missbrauch, Nichtbeachtung oder Vernachlässigung, Misshandlung oder Ausbeutung gefährdet sind,

r) in der Erkenntnis, dass Kinder mit Behinderungen gleichberechtigt mit anderen Kindern alle Menschenrechte und Grundfreiheiten in vollem Umfang genießen sollen, und unter Hinweis auf die zu diesem Zweck von den Vertragsstaaten des Übereinkommens über die Rechte des Kindes eingegangenen Verpflichtungen,

s) nachdrücklich darauf hinweisend, dass es notwendig ist, bei allen Anstrengungen zur Förderung des vollen Genusses der Menschenrechte und Grundfreiheiten durch Menschenmit Behinderungen die Geschlechterperspektive einzubeziehen,

t) unter besonderem Hinweis darauf, dass die Mehrzahl der Menschen mit Behinderungen in einem Zustand der Armut lebt, und dies bezüglich in der Erkenntnis, dass die nachteiligen Auswirkungen der Armut auf Menschen mit Behinderungen dringend angegangen werden müssen,

u) in dem Bewusstsein, dass Frieden und Sicherheit auf der Grundlage der uneingeschränkten Achtung der in der Charta der Vereinten Nationen enthaltenen Ziele und Grundsätze sowie der Einhaltung der anwendbaren Übereinkünfte auf dem Gebiet der Menschenrechte unabdingbar sind für den umfassenden Schutz von Menschen mit Behinderungen, insbesondere in bewaffneten Konflikten oder während ausländischer Besetzung,

v) in der Erkenntnis, wie wichtig es ist, dass Menschen mit Behinderungen vollen Zugang zur physischen, sozialen, wirtschaftlichen und kulturellen Umwelt, zu Gesundheit und Bildung sowie zu Information und Kommunikation haben, damit sie alle Menschenrechte und Grundfreiheiten voll genießen können,

w) im Hinblick darauf, dass der Einzelne gegenüber seinen Mitmenschen und der Gemeinschaft, der er angehört, Pflichten hat und gehalten ist, für die Förderung und Achtung der in der Internationalen Menschenrechtscharta anerkannten Rechte einzutreten,

x) in der Überzeugung, dass die Familie die natürliche Kernzelle der Gesellschaft ist und Anspruch auf Schutz durch Gesellschaft und Staat hat und dass Menschen mit Behinderungen und ihre Familienangehörigen den erforderlichen Schutz und die notwendige Unterstützung erhalten sollen, um es den Familien zu ermöglichen, zum vollen und gleichberechtigten Genuss der Rechte der Menschen mit Behinderungen beizutragen,

y) in der Überzeugung, dass ein umfassendes und in sich geschlossenes internationales Übereinkommen zur Förderung und zum Schutz der Rechte und der Würde von Menschen mit Behinderungen sowohl in den Entwicklungsländern als auch in den entwickelten Ländern einen maßgeblichen Beitrag zur Beseitigung der tiefgreifenden sozialen Benachteiligung von Menschen mit Behinderungen leisten und ihre Teilhabe am bürgerlichen, politischen, wirtschaftlichen, sozialen und kulturellen Leben auf der Grundlage der Chancengleichheit fördern wird,

haben Folgendes vereinbart:

Anlage 2: § 164 IV SGB IX:

(4) Die schwerbehinderten Menschen haben gegenüber ihren Arbeitgebern Anspruch auf

1. Beschäftigung, bei der sie ihre Fähigkeiten und Kenntnisse möglichst voll verwerten und weiterentwickeln können,

2. bevorzugte Berücksichtigung bei innerbetrieblichen Maßnahmen der beruflichen Bildung zur Förderung ihres beruflichen Fortkommens,

3. Erleichterungen im zumutbaren Umfang zur Teilnahme an außerbetrieblichen Maßnahmen der beruflichen Bildung,

4. behinderungsgerechte Einrichtung und Unterhaltung der Arbeitsstätten einschließlich der Betriebsanlagen, Maschinen und Geräte sowie der Gestaltung der Arbeitsplätze, des Arbeitsumfelds, der Arbeitsorganisation und der Arbeitszeit, unter besonderer Berücksichtigung der Unfallgefahr,

5. Ausstattung ihres Arbeitsplatzes mit den erforderlichen technischen Arbeitshilfen unter Berücksichtigung der Behinderung und ihrer Auswirkungen auf die Beschäftigung. Bei der Durchführung der Maßnahmen nach Satz 1 Nummer 1, 4 und 5 unterstützen die Bundesagentur für Arbeit und die Integrationsämter die Arbeitgeber unter Berücksichtigung der für die Beschäftigung wesentlichen Eigenschaften der schwerbehinderten Menschen. Ein Anspruch nach Satz 1 besteht nicht, soweit seine Erfüllung für den Arbeitgeber nicht zumutbar oder mit unverhältnismäßigen Aufwendungen verbunden wäre oder soweit die staatlichen oder berufsgenossenschaftlichen Arbeitsschutzvorschriften oder beamtenrechtliche Vorschriften entgegenstehen.